Sicurezza IoT e Cybersecurity: Proteg

I0008427

Introduzione

Nell'era dell'Internet delle cose, la sicurezza è la chiave per sbloccare il potenziale dell'innovazione. Proteggere ciò che è connesso significa proteggere il futuro.

Nel mondo interconnesso di oggi, la tecnologia è ovunque. Dai nostri telefoni intelligenti alle nostre case, agli ospedali, alle aziende e persino alle auto, i dispositivi digitali hanno permeato ogni aspetto delle nostre vite. Questa crescente ubiquità della tecnologia ha portato alla nascita di un fenomeno noto come l'Internet delle cose (IoT).

La Storia dell'Internet delle Cose (IoT)

Nel corso delle pagine di questo capitolo, viaggeremo attraverso il tempo per esplorare l'affascinante storia dell'Internet delle Cose, dal suo concepimento alle innovazioni più recenti.

La Storia dell'Internet delle Cose (IoT)

L'Internet delle Cose, noto come IoT, rappresenta una delle più grandi rivoluzioni tecnologiche del nostro tempo. La sua storia affonda le radici nel desiderio dell'umanità di rendere il mondo sempre più connesso, intelligente e interattivo. In questo capitolo, esploreremo la storia dell'IoT come un affascinante saggio, dalla sua concezione alle più recenti innovazioni.

Le Radici dell'IoT

L'idea di connettere il mondo fisico in modo intelligente ha inizio con le visioni audaci di scienziati e inventori del passato. Si parla di un "Mondo Fisico Connesso" in cui oggetti, dispositivi e persino ambienti interagiscono e condividono dati in modo autonomo. Le prime idee affondano nel XIX secolo con le invenzioni pionieristiche come il telegrafo.

Gli Anni Novanta e il Concetto di Oggetti Intelligenti

Mentre ci avvicinavamo al nuovo millennio, il concetto di oggetti intelligenti e connessi cominciò a prendere forma. Gli anni '90 furono un periodo di sperimentazione e ricerca in cui le tecnologie digitali fecero un salto in avanti. I primi passi verso l'IoT furono compiuti con l'uso di RFID (Radio-Frequency Identification) e sensori.

Lo Sviluppo del Protocollo Internet

Uno dei fattori chiave per l'espansione dell'IoT è stato lo sviluppo di IPv6, il protocollo Internet che ha consentito di collegare un numero virtualmente infinito di dispositivi. Con questo protocollo, l'IoT ha iniziato a decollare, superando le limitazioni di connettività.

Crescita Esplosiva e Standardizzazione

I primi anni del 21° secolo hanno assistito a una crescita esplosiva dell'IoT. Con il numero di dispositivi in rapida crescita, è diventato fondamentale stabilire standard e protocolli per garantire l'interoperabilità tra di essi. Nascevano standard come MQTT, CoAP e Zigbee, che contribuirono a definire il panorama IoT.

L'IoT Oggi e nel Futuro

Oggi, l'IoT è una realtà concreta che influenza profondamente la nostra vita quotidiana. Dall'automazione domestica alle città intelligenti, i dispositivi IoT sono ovunque. E il futuro? Si preannuncia ancora più entusiasmante, con l'edge computing, l'analisi dei dati in tempo reale e l'Intelligenza Artificiale che svolgeranno ruoli chiave nell'evoluzione dell'IoT.

Concludendo, la storia dell'IoT è una storia di innovazione e visioni audaci che si sono trasformate in realtà. È una storia che continua a evolversi, offrendo opportunità e sfide in un mondo sempre più connesso. Conoscere la storia dell'IoT è fondamentale per comprendere appieno il suo impatto sulla nostra società e prepararci per il futuro connesso che ci attende.

La Rivoluzione dell'Internet delle Cose

L'Internet delle cose è una rivoluzione silenziosa ma potente che sta trasformando il modo in cui interagiamo con il mondo che ci circonda. In breve, si tratta di un network di dispositivi fisici - dagli elettrodomestici alle macchine industriali, passando per i dispositivi medici - che sono dotati di sensori, software e connessioni di rete che consentono loro di raccogliere e scambiare dati.

Ciò che rende l'IoT così straordinario è la sua capacità di connettere il mondo fisico al mondo digitale. Questi dispositivi "intelligenti" sono in grado di raccogliere dati in tempo reale, comunicare tra loro e persino prendere decisioni autonome basate su questi dati. Ad esempio, il termostato intelligente nella tua casa può rilevare la temperatura e regolare il riscaldamento senza la tua interferenza. Le macchine industriali possono inviare segnalazioni di manutenzione quando è necessario effettuare una riparazione, riducendo il tempo di fermo e aumentando l'efficienza.

L'Importanza della Sicurezza IoT

Ma c'è un aspetto critico che accompagna questa rivoluzione: la sicurezza. Con milioni di dispositivi IoT che si connettono tra loro e con il mondo esterno, la questione della sicurezza diventa fondamentale. Questi dispositivi raccolgono spesso dati sensibili, controllano apparecchiature vitali e possono essere obiettivi per i cibercriminali.

Immagina se un malintenzionato riuscisse a prendere il controllo del sistema di frenata di un'auto autonoma o a rubare dati finanziari da un dispositivo medico connesso. Questi scenari, anche se spaventosi, non sono puramente ipotetici. Gli incidenti di sicurezza IoT sono diventati sempre più comuni e potenzialmente devastanti.

Gli Impatti degli Attacchi IoT: Esempi Concreti di Minacce alla Sicurezza

Negli ultimi anni, abbiamo assistito a una serie di attacchi IoT che hanno messo in evidenza l'importanza cruciale della sicurezza in questo settore in rapida crescita.

Nel 2016, un ricercatore ha scoperto una grave vulnerabilità nel cardiofrequenzimetro Wi-Fi Owlet, un sensore indossato dai bambini per monitorare il battito cardiaco. Questa vulnerabilità avrebbe permesso a un attaccante di prendere il controllo del dispositivo, mettendo a rischio la salute dei bambini.

Nel 2017, un gruppo di hacker ha sfruttato una vulnerabilità in un dispositivo IoT per lanciare un attacco DDoS che ha reso il sito web del

New York Times inaccessibile per giorni, dimostrando il potenziale impatto su larga scala di tali attacchi.

Nel 2018, i dati personali di milioni di utenti sono stati rubati attraverso una vulnerabilità in un dispositivo IoT, mettendo in pericolo la loro privacy e sicurezza.

Nel 2019, un attacco ha dimostrato come gli hacker potessero prendere il controllo delle reti di telecamere di sicurezza per spionare le persone. Nel 2020, un attacco ransomware basato su IoT ha paralizzato ospedali in Europa, mettendo a rischio la vita dei pazienti. Questi esempi ci insegnano che la sicurezza IoT è una priorità, poiché la vita quotidiana e la sicurezza delle persone sono sempre più connesse a questi dispositivi.

L'Obiettivo di Questo Libro

In questo libro, esploreremo il mondo della sicurezza IoT e ti guideremo attraverso le sfide e le soluzioni per proteggere questi dispositivi interconnessi. Imparerai le best practices per garantire che i tuoi dispositivi IoT rimangano sicuri e affidabili. Scoprirai anche come la sicurezza IoT sia diventata cruciale in settori come la salute, l'industria e l'automotive.

Siamo all'inizio di un entusiasmante viaggio nel mondo della sicurezza IoT. Preparati a scoprire come proteggere il futuro connesso.

Capitolo 1

Cosa sono i dispositivi IoT - I Diversi Tipi di Dispositivi IoT-

Le minacce alla sicurezza IoT- Principi di base della sicurezza

---

"Sicurezza è la chiave che apre la porta all'innovazione senza paura."

Cosa sono i dispositivi IoT

I dispositivi Internet delle cose, noti anche come dispositivi IoT, costituiscono il cuore della rivoluzione tecnologica che sta trasformando il modo in cui interagiamo con il mondo che ci circonda. Questi dispositivi rappresentano una categoria speciale di oggetti fisici che sono stati arricchiti con una gamma di funzionalità digitali. La loro caratteristica distintiva è la capacità di raccogliere e scambiare dati attraverso connessioni di rete, rendendo possibile il monitoraggio e il controllo remoto.

Gli esempi di dispositivi IoT sono ampi e variegati. Possiamo trovarli ovunque, dalle nostre case alle aziende, dai settori industriali all'assistenza sanitaria, dai trasporti all'agricoltura. Per comprendere appieno la portata dell'IoT, è utile esaminare alcuni esempi concreti:

Smart Home: Uno dei casi d'uso più comuni è la casa intelligente, in cui dispositivi come termostati intelligenti, telecamere di sicurezza, luci, frigoriferi e persino serrature possono essere collegati e controllati tramite smartphone o altri dispositivi digitali. Questi dispositivi consentono un maggiore comfort, efficienza energetica e sicurezza.

Industria: Nel settore industriale, i dispositivi IoT vengono utilizzati per monitorare e controllare macchinari, automatizzare processi di produzione e raccogliere dati in tempo reale per l'analisi. Ciò porta a una maggiore efficienza e riduzione dei costi operativi.

Sanità: Nell'ambito sanitario, i dispositivi IoT includono dispositivi medici connessi, come monitor cardiaci, pompe per insulina intelligenti e dispositivi di monitoraggio remoto. Questi dispositivi consentono ai medici di monitorare i pazienti in modo più efficace e migliorare la qualità dell'assistenza.

Agricoltura: Nell'agricoltura, i sensori IoT vengono utilizzati per monitorare le condizioni del suolo, il clima e la crescita delle colture. Questi dati consentono agli agricoltori di prendere decisioni più informate per ottimizzare la produzione.

Trasporti: Nel settore dei trasporti, i dispositivi IoT sono presenti in veicoli connessi, dove raccolgono dati sulla posizione, le prestazioni e la manutenzione dei veicoli. Questi dati possono essere utilizzati per migliorare la sicurezza stradale e l'efficienza dei trasporti.

Questi esempi rappresentano solo la punta dell'iceberg. In realtà, il mondo degli IoT è in costante evoluzione, con nuovi dispositivi e applicazioni che emergono regolarmente. La chiave di tutto ciò è la capacità di connettere il mondo fisico al mondo digitale, consentendo un flusso continuo di dati e informazioni che possono essere utilizzati per prendere decisioni più intelligenti e migliorare la nostra vita quotidiana.

I Diversi Tipi di Dispositivi IoT

L'Internet delle Cose (IoT) è un ecosistema variegato, e una delle sue caratteristiche distintive è la vasta gamma di dispositivi hardware che comprende. Questi dispositivi sono progettati per adattarsi a una miriade di applicazioni e necessità, trasformando ogni aspetto della nostra vita quotidiana. In questa sezione, esploreremo i diversi tipi di dispositivi IoT hardware che costituiscono il tessuto di questa rivoluzione tecnologica.

Sensori: I sensori sono la spina dorsale dell'IoT. Possono rilevare varie grandezze fisiche come temperatura, umidità, pressione, luce, suono e movimento. Questi dati vengono utilizzati per monitorare e controllare l'ambiente circostante.

Attuatori: Gli attuatori sono dispositivi che eseguono azioni in risposta ai dati rilevati dai sensori o alle istruzioni remote. Ad esempio, possono attivare o disattivare apparecchiature, regolare le condizioni ambientali o attivare dispositivi di sicurezza.

Dispositivi Indossabili: Questa categoria include smartwatch, braccialetti fitness, occhiali intelligenti e dispositivi per la salute indossabili. Monitorano i parametri corporei, l'attività fisica e offrono funzionalità di notifica.

Dispositivi per la Casa Intelligente: Questi dispositivi includono termostati intelligenti, telecamere di sicurezza, lampade intelligenti e altoparlanti intelligenti. Possono essere controllati tramite app da remoto per migliorare la comodità e la sicurezza domestica.

Dispositivi di Automazione Industriale: Nel settore industriale, vengono utilizzati PLC (Controller Logico Programmabile) e vari sensori per monitorare e controllare processi di produzione, macchinari e impianti.

Dispositivi di Tracciamento: Questa categoria comprende GPS e dispositivi di tracciamento basati su RFID (Radio-Frequency Identification) utilizzati per seguire la posizione di oggetti, veicoli o persino animali domestici.

Dispositivi Medici: Gli strumenti medici IoT includono monitor per pazienti, pompe per insulina intelligenti e dispositivi di diagnosi remota. Possono rilevare e trasmettere dati vitali ai fornitori di assistenza sanitaria.

Dispositivi per il Trasporto: Veicoli connessi, come automobili e droni, rientrano in questa categoria. Sono dotati di sensori avanzati, connettività e funzionalità autonome.

Dispositivi Agricoli: Sensori agricoli e droni vengono utilizzati nell'agricoltura intelligente per monitorare il suolo, le colture e l'irrigazione. Contribuiscono a ottimizzare la produzione agricola.

Dispositivi di Monitoraggio Ambientale: Sensori IoT per il monitoraggio dell'aria, dell'acqua e del suolo sono essenziali per la gestione ambientale e la prevenzione di catastrofi naturali.

Robot IoT: Robot autonomi, come i robot aspirapolvere, utilizzano sensori e algoritmi per navigare e svolgere compiti specifici in ambienti domestici o industriali.

Dispositivi di Intrattenimento: Console di gioco, televisori intelligenti e dispositivi di streaming sono dispositivi IoT che offrono intrattenimento connesso.

Questi sono solo alcuni esempi dei molti dispositivi hardware che compongono l'ecosistema IoT. Ogni categoria ha il suo ruolo nel migliorare la vita quotidiana e trasformare industrie intere attraverso l'interconnessione e la raccolta di dati.

Le minacce alla sicurezza IoT

Sebbene i dispositivi Internet delle cose (IoT) offrano numerosi vantaggi in termini di connettività e funzionalità, portano con sé anche una serie di minacce alla sicurezza che devono essere prese seriamente in considerazione.

Queste minacce possono avere gravi conseguenze se trascurate, poiché coinvolgono la protezione di dati sensibili, la privacy degli utenti e la stabilità delle reti. Ecco alcune delle principali minacce alla sicurezza IoT:

Vulnerabilità dei dispositivi: Molti dispositivi IoT sono progettati con risorse limitate e spesso mancano di adeguate misure di sicurezza. Ciò li rende vulnerabili a exploit e attacchi da parte di hacker. Le vulnerabilità possono essere sfruttate per ottenere il controllo dei dispositivi o rubare dati sensibili.

Accesso non autorizzato: Gli attaccanti possono cercare di ottenere l'accesso non autorizzato ai dispositivi IoT attraverso forza bruta, password deboli o exploit delle vulnerabilità. Una volta ottenuto l'accesso, possono manipolare o danneggiare i dispositivi, o utilizzarli per scopi dannosi.

Attacchi DDoS: Gli attacchi distribuiti di denial of service (DDoS) sono una minaccia comune per i dispositivi IoT connessi a Internet. Gli hacker possono prendere il controllo di una rete di dispositivi e utilizzarla per sovraccaricare un servizio o un sito web, rendendolo inaccessibile per gli utenti legittimi.

Violazione della privacy: Molti dispositivi IoT raccolgono dati sensibili sugli utenti, come informazioni personali o dati di localizzazione. Una violazione della sicurezza potrebbe consentire a terze parti di accedere a questi dati, mettendo a rischio la privacy degli utenti.

Manipolazione dei dati: Gli attaccanti possono manipolare i dati raccolti dai dispositivi IoT per scopi dannosi. Ad esempio, potrebbero alterare i dati di sensori ambientali per indurre in errore sistemi di monitoraggio o sensori di sicurezza.

Ransomware IoT: Alcuni attacchi IoT possono comportare l'infezione dei dispositivi con ransomware, bloccando l'accesso o il controllo dei dispositivi e richiedendo un riscatto per ripristinarli.

Backdoor e accesso costante: Alcuni dispositivi IoT potrebbero avere backdoor nascosti o accesso costante da parte dei produttori o degli sviluppatori. Questi accessi possono essere abusati dagli attaccanti per ottenere il controllo dei dispositivi.

Affrontare queste minacce richiede una strategia di sicurezza IoT completa, che comprende la protezione dei dispositivi stessi, delle reti in cui sono connessi e dei dati che raccolgono. Questa è una delle sfide più urgenti nel campo della sicurezza informatica e richiede la cooperazione di produttori, utenti e regolatori per garantire la sicurezza dei dispositivi IoT in un mondo sempre più connesso.

Principi di base della sicurezza

I dispositivi Internet delle cose (IoT) sono diventati una parte integrante delle nostre vite, migliorando l'efficienza, la comodità e la connettività in una vasta gamma di applicazioni.

Tuttavia, con la crescita esponenziale del numero di dispositivi IoT, sorge una crescente preoccupazione per la sicurezza. Per affrontare le minacce alla sicurezza IoT, è essenziale comprendere i principi di base che sottendono a una solida strategia di sicurezza. Ecco alcuni dei principi fondamentali della sicurezza IoT:

Aggiornamenti e patch: Assicurarsi che i dispositivi IoT siano dotati di un sistema di aggiornamento e patch regolare. Questo è essenziale per correggere le vulnerabilità di sicurezza note e migliorare la resistenza ai nuovi attacchi.

Autenticazione forte: Richiedere autenticazione forte per l'accesso ai dispositivi IoT. Questo significa l'uso di password robuste e autenticazione a due fattori per garantire che solo gli utenti autorizzati possano accedere ai dispositivi.

Crittografia: Utilizzare la crittografia per proteggere i dati sensibili durante la trasmissione e l'archiviazione. La crittografia garantisce che i dati non possano essere letti o manipolati da terze parti non autorizzate.

Gestione delle chiavi: Gestire in modo sicuro le chiavi di crittografia utilizzate nei dispositivi IoT. Le chiavi devono essere protette da accessi non autorizzati e periodicamente rigenerate per evitare compromissioni.

Firewall e filtri di pacchetti: Implementare firewall e filtri di pacchetti per proteggere i dispositivi IoT da accessi non autorizzati o attacchi DDoS. Questi dispositivi aiutano a monitorare e controllare il traffico di rete.

Monitoraggio e rilevamento delle minacce: Utilizzare sistemi di monitoraggio e rilevamento delle minacce per identificare attività sospette o anomale sui dispositivi IoT. Questo consente una risposta tempestiva agli attacchi.

Accesso basato su ruoli: Limitare l'accesso ai dispositivi IoT in base ai ruoli e ai privilegi dell'utente. Solo le persone autorizzate dovrebbero avere accesso a determinate funzionalità o dati.

Protezione fisica: Assicurarsi che i dispositivi IoT siano fisicamente protetti da accessi non autorizzati. Questo è particolarmente importante per dispositivi installati in ambienti esterni o pubblici.

Privacy dei dati: Rispettare la privacy dei dati degli utenti e garantire che i dati raccolti siano utilizzati solo per scopi autorizzati. Includere avvisi chiari agli utenti sulle pratiche di raccolta e utilizzo dei dati.

Test e valutazione della sicurezza: Sottoporre i dispositivi IoT a test e valutazioni regolari della sicurezza per identificare e correggere vulnerabilità. Questo dovrebbe essere fatto prima del rilascio sul mercato e in modo continuativo durante il ciclo di vita del dispositivo.

Questi principi di base della sicurezza forniscono un punto di partenza solido per proteggere i dispositivi IoT e mitigare le minacce alla sicurezza.

È importante sviluppare una strategia di sicurezza su misura per le specifiche esigenze dei dispositivi IoT e tenere conto delle minacce in continua evoluzione nel panorama della sicurezza cibernetica. La sicurezza IoT è una sfida in costante mutamento, ma adottando queste best practice, è possibile ridurre significativamente i rischi e proteggere gli utenti e i dati.

Attacchi IoT: Proteggere i Dispositivi Connessi

L'Internet delle Cose (IoT) è un'innovazione tecnologica rivoluzionaria che sta cambiando il modo in cui interagiamo con il mondo. Tuttavia, con la crescente adozione di dispositivi IoT, si è aperto un nuovo fronte nella lotta alla sicurezza informatica. I dispositivi IoT sono vulnerabili a una varietà di attacchi che possono mettere a rischio la privacy e la sicurezza degli utenti. In questa sezione, esamineremo alcuni dei tipi di attacchi più comuni che minacciano i dispositivi IoT e le misure di sicurezza per proteggerli.

Attacchi di Rete

Gli attacchi di rete sono uno dei modi più comuni per attaccare i dispositivi IoT. Gli aggressori sfruttano le vulnerabilità di sicurezza della rete per accedere ai dispositivi IoT. Alcuni tipi comuni di attacchi di rete includono:

Attacchi di Forza Bruta: Gli aggressori tentano di indovinare le credenziali di accesso di un dispositivo IoT utilizzando metodi automatizzati.

Attacchi di Sniffing: Gli aggressori intercettano il traffico di rete tra un dispositivo IoT e un server, cercando di raccogliere informazioni sensibili.

Attacchi di Man-in-the-Middle: Gli aggressori si inseriscono tra un dispositivo IoT e un server, consentendo loro di intercettare e manipolare il traffico di rete

Attacchi di Malware

Gli attacchi di malware sono un altro modo comune per compromettere i dispositivi IoT. Gli aggressori distribuiscono software dannoso sui dispositivi IoT, consentendo loro di:

Virus: I virus sono programmi dannosi che si replicano e si diffondono tra i dispositivi IoT, causando danni.

Worm: I worm sono programmi dannosi che sfruttano le vulnerabilità di sicurezza per diffondersi tra i dispositivi IoT.

Trojan: I trojan sono programmi dannosi che si presentano come software legittimo, ma contengono funzionalità nascoste che danneggiano i dispositivi.

Attacchi di Social Engineering

Gli attacchi di social engineering mirano a convincere gli utenti a compiere azioni dannose involontariamente. Questi includono:

Phishing: Gli aggressori inviano e-mail o messaggi di testo ingannevoli che sembrano provenire da fonti affidabili per indurre gli utenti a condividere informazioni sensibili.

Pretexting: Gli aggressori inventano storie o pretesti convincenti per ottenere informazioni personali o credenziali di accesso dagli utenti.

Ingegneria Sociale Telefonica: Gli aggressori chiamano gli utenti fingendosi rappresentanti legittimi di aziende o organizzazioni per ottenere informazioni riservate.

Attacchi Fisici

Gli attacchi fisici implicano l'accesso fisico a un dispositivo IoT per scopi dannosi. Questi possono includere:

Sabotaggio: Gli aggressori danneggiano o distruggono fisicamente i dispositivi IoT per interromperne il funzionamento.

Sniffing: Gli aggressori collegano dispositivi di intercettazione al dispositivo IoT per catturare il traffico di rete e accedere ai dati.

Installazione di Malware: Gli aggressori collegano un'unità USB o un altro dispositivo di archiviazione al dispositivo IoT per installare malware.

Capitolo 2

Importanza dell'autenticazione- Metodi di autenticazione- Controllo degli accessi e autorizzazioni- L'importanza del controllo degli accessi e delle autorizzazioni nell'ecosistema IoT- Metodi e le best practice per la loro implementazione

"Custodire l'accesso è proteggere l'anima della connessione IoT. Nella rete delle cose, la sicurezza è la chiave per aprire porte sicure."

Importanza dell'autenticazione

Nel mondo altamente connesso degli oggetti IoT, l'autenticazione rappresenta il primo baluardo contro intrusioni indesiderate e minacce alla sicurezza. L'autenticazione è il processo attraverso il quale un dispositivo IoT o un utente dimostra la propria identità, confermando di essere chi afferma di essere.

Questo processo è cruciale per garantire che solo utenti o dispositivi autorizzati abbiano accesso ai servizi e ai dati IoT. Senza un'adeguata autenticazione, i dispositivi IoT diventano vulnerabili a una vasta gamma di minacce, tra cui accessi non autorizzati, furto di dati, attacchi DDoS e altro ancora.

L'importanza dell'autenticazione si estende a tutte le fasi del ciclo di vita degli oggetti IoT, dall'iniziale connessione e configurazione al normale funzionamento e alla manutenzione. Una corretta autenticazione assicura che i dispositivi IoT siano in grado di comunicare solo con fonti attendibili, che gli aggiornamenti del firmware provengano da fonti legittime e che i dati raccolti siano protetti da accessi non autorizzati. La mancanza di un sistema di autenticazione robusto può compromettere l'intera rete IoT e mettere a rischio sia la privacy degli utenti che la sicurezza dei dati.

In questo capitolo, esploreremo l'importanza dell'autenticazione nel contesto IoT e i metodi di autenticazione comunemente utilizzati. Inoltre, affronteremo il tema del controllo degli accessi e delle autorizzazioni, che è strettamente legato all'autenticazione.

Una strategia di sicurezza IoT efficace inizia con una solida comprensione di questi concetti fondamentali, e l'autenticazione rappresenta un pilastro cruciale su cui costruire la sicurezza del mondo IoT in continua crescita.

Metodi di autenticazione

L'autenticazione è il primo passo per garantire la sicurezza dei dispositivi IoT, ma come avviene concretamente? Esistono numerosi metodi e tecniche per verificare l'identità di un dispositivo o di un utente IoT.

Questi metodi di autenticazione variano in termini di complessità, sicurezza e adattabilità alle diverse esigenze degli oggetti IoT. Nel contesto dell'IoT, l'obiettivo è bilanciare la sicurezza con la praticità, consentendo un accesso sicuro ai dispositivi e ai dati IoT senza creare ostacoli insormontabili per gli utenti.

I metodi di autenticazione IoT possono essere suddivisi in diverse categorie, ciascuna con le proprie caratteristiche e considerazioni. Tra i metodi più comuni vi sono:

Autenticazione basata su password: Questo è uno dei metodi più semplici ed è ampiamente utilizzato. Tuttavia, è anche uno dei più vulnerabili, poiché le password possono essere rubate o indovinate. È essenziale utilizzare password complesse e cambiarle regolarmente per migliorare la sicurezza.

Autenticazione a due fattori (2FA) o multifattore (MFA): Questi metodi aggiungono un ulteriore livello di sicurezza richiedendo non solo una password, ma anche un secondo elemento, come un codice generato da un'applicazione o inviato tramite SMS. Il 2FA e il MFA rendono più difficile l'accesso non autorizzato.

Certificati digitali: Questa forma di autenticazione utilizza certificati digitali crittografici che vengono assegnati ai dispositivi IoT. I certificati sono un modo efficace per verificare l'identità di un dispositivo e garantire una comunicazione sicura.

Biometria: L'autenticazione biometrica utilizza caratteristiche fisiche uniche, come impronte digitali o riconoscimento facciale, per verificare l'identità dell'utente. Questo metodo è altamente sicuro ma richiede hardware specifico per la raccolta dei dati biometrici.

Token hardware: I token hardware, come le chiavi USB di autenticazione, forniscono un altro livello di sicurezza. Questi dispositivi generano codici di autenticazione univoci e possono essere utilizzati in combinazione con altre forme di autenticazione.

Autenticazione basata su certificati: Questo metodo utilizza certificati digitali per verificare l'identità di un dispositivo. È particolarmente utile in ambienti IoT industriali.

Controllo degli accessi e autorizzazioni

L'autenticazione è il primo passo per garantire che un dispositivo o un utente IoT sia chi dice di essere. Ma una volta stabilita l'identità, è altrettanto importante stabilire cosa l'entità autenticata sia autorizzata a fare. Questo è il ruolo del controllo degli accessi e delle autorizzazioni nel contesto IoT. Mentre l'autenticazione verifica l'identità, il controllo degli accessi stabilisce quali risorse o azioni l'entità autenticata ha il permesso di accedere o eseguire.

Senza un adeguato controllo degli accessi e delle autorizzazioni, l'autenticazione perde gran parte del suo significato. Un dispositivo IoT o un utente può autenticarsi con successo, ma se poi ha accesso illimitato a tutte le risorse e le funzionalità, la sicurezza è compromessa. Ad esempio, un dispositivo IoT in una casa intelligente che monitora la temperatura non dovrebbe avere accesso ai dati di videosorveglianza. Allo stesso modo, un utente IoT con privilegi di accesso limitati non dovrebbe essere in grado di apportare modifiche critihttps://dministratori' ai dispositivi.

Il controllo degli accessi e delle autorizzazioni è una parte fondamentale della strategia di sicurezza IoT. Implica la definizione di chi può accedere a quali risorse, quali azioni possono compiere e in quali circostanze. Questo processo richiede una pianificazione oculata e una progettazione attenta per evitare sia la negazione inappropriata di servizi agli utenti legittimi sia l'accesso non autorizzato a risorse sensibili.

L'importanza del controllo degli accessi e delle autorizzazioni nell'ecosistema IoT

L'importanza del controllo degli accessi e delle autorizzazioni nell'ecosistema IoT è fondamentale per garantire la sicurezza, la privacy e l'affidabilità di dispositivi connessi e servizi. In un mondo in cui un numero crescente di oggetti e dispositivi è interconnesso attraverso Internet, il controllo degli accessi e delle autorizzazioni svolge un ruolo chiave in diversi aspetti:

Protezione dei dati sensibili: Gli oggetti IoT raccolgono e scambiano una vasta quantità di dati, spesso di natura sensibile. Il controllo degli accessi e delle autorizzazioni assicura che solo le persone o i dispositivi autorizzati possano accedere a questi dati. Ciò è essenziale per la privacy degli utenti e la conformità alle leggi sulla protezione dei dati.

Prevenzione di accessi non autorizzati: Senza un adeguato controllo degli accessi, i dispositivi IoT possono diventare vulnerabili ad accessi non autorizzati. Ad esempio, un dispositivo di videosorveglianza in una casa intelligente dovrebbe essere accessibile solo dai membri della famiglia e non da estranei. Il controllo degli accessi impedisce accessi indesiderati.

Mitigazione dei rischi: L'ecosistema IoT può essere soggetto a varie minacce, come attacchi informatici e malware. Un sistema di controllo degli accessi ben progettato può limitare la superficie di attacco, riducendo il rischio di compromissione dei dispositivi e delle reti.

Gestione delle autorizzazioni: Le autorizzazioni determinano quali azioni possono essere eseguite da un utente o un dispositivo dopo l'autenticazione. Ad esempio, un dispositivo IoT di domotica potrebbe essere autorizzato a controllare le luci ma non a modificare le impostazioni del sistema. Le autorizzazioni consentono di definire ruoli e privilegi in modo preciso.

Compliance normativa: Molte normative e leggi richiedono la protezione dei dati e la gestione delle autorizzazioni. Il controllo degli accessi è un componente essenziale per garantire la conformità alle normative, riducendo il rischio di sanzioni legali.

Riduzione dei danni in caso di violazione: Nel caso in cui si verifichi una violazione della sicurezza, il controllo degli accessi limita i danni, poiché gli attaccanti avranno accesso solo alle risorse o alle azioni per cui sono autorizzati.

In sintesi, il controllo degli accessi e delle autorizzazioni è un pilastro chiave della sicurezza IoT. Aiuta a garantire che i dispositivi e i servizi IoT operino in modo sicuro, proteggendo i dati e prevenendo accessi non autorizzati. Una corretta implementazione di questi controlli è essenziale per sfruttare appieno i benefici dell'Internet delle cose senza compromettere la sicurezza.

Metodi e le best practice per la loro implementazione

L'implementazione di un efficace controllo degli accessi e delle autorizzazioni nell'ecosistema IoT richiede l'adozione di metodi e best practice specifiche per garantire la sicurezza e la gestione delle risorse connesse. Ecco alcuni metodi e pratiche consigliate per l'implementazione di un robusto sistema di controllo degli accessi e delle autorizzazioni nell'ambito dell'Internet delle cose:

Modello di autenticazione forte: L'autenticazione è il primo passo per garantire che solo utenti autorizzati possano accedere ai dispositivi IoT. L'uso di un modello di autenticazione forte, come l'uso di password complesse, l'autenticazione a due fattori o l'autenticazione biometrica, può migliorare la sicurezza.

Gestione delle credenziali: È fondamentale gestire le credenziali degli utenti e dei dispositivi in modo sicuro. Utilizzare pratiche di memorizzazione sicura delle password, come l'hashing e il salt, per proteggere le informazioni di autenticazione.

Principio del privilegio minimo: Assegna agli utenti e ai dispositivi solo i privilegi necessari per eseguire le loro funzioni. Questo principio riduce il rischio di abusi o errori umani.

Controllo degli accessi basato su ruoli: Definisci chiaramente i ruoli e i livelli di autorizzazione per gli utenti e i dispositivi. Ad esempio, gli amministratori dovrebbero avere un diverso livello di accesso rispetto agli utenti finali.

Accesso condizionato: Implementa il controllo degli accessi basato su condizioni, come l'orario o la posizione dell'utente o del dispositivo. Ciò può impedire l'accesso non autorizzato in determinate circostanze.

Monitoraggio e registrazione: Tieni traccia di chi accede ai dispositivi IoT e delle azioni che eseguono. Il monitoraggio e la registrazione consentono di individuare e rispondere rapidamente alle attività sospette.

Aggiornamenti e patch regolari: Mantieni i dispositivi IoT e le piattaforme software aggiornate con le ultime patch di sicurezza. Le vulnerabilità note vengono spesso sfruttate dagli attaccanti.

Crittografia dei dati: Crittografa i dati in transito e inattivi per proteggerli da accessi non autorizzati. La crittografia può prevenire l'intercettazione dei dati da parte di terzi.

Firewall e segmentazione di rete: Utilizza firewall e segmentazione di rete per separare i dispositivi IoT da altre reti aziendali. Ciò limita la diffusione di un attacco in caso di compromissione di un dispositivo IoT.

Educazione e formazione: Forma gli utenti e il personale sulle migliori pratiche di sicurezza IoT e sul riconoscimento delle minacce. Una forza lavoro consapevole è un elemento chiave nella prevenzione degli attacchi.

Test di penetrazione: Esegui test di penetrazione per valutare la resistenza del tuo sistema di controllo degli accessi e identificare eventuali vulnerabilità.

Aggiornamenti politiche e procedure: Le politiche di sicurezza e le procedure dovrebbero essere regolarmente riviste ed aggiornate per affrontare nuove minacce e sfide.

Collaborazione con fornitori: Collabora con i fornitori di dispositivi IoT per garantire che i loro prodotti siano conformi alle tue esigenze di sicurezza. Richiedi informazioni dettagliate sulla sicurezza dei dispositivi.

Pianificazione per la gestione delle crisi: Prepara un piano per la gestione delle crisi in caso di violazioni della sicurezza o incidenti. La risposta rapida è cruciale per mitigare i danni.

Conformità alle normative: Assicurati di essere conforme alle leggi e alle regolamentazioni sulla sicurezza dei dati e sulla privacy, come il GDPR in Europa o il CCPA in California.

Implementare queste pratiche consentirà di creare un solido sistema di controllo degli accessi e delle autorizzazioni nell'ambito dell'Internet delle cose, proteggendo i dispositivi e i dati dagli accessi non autorizzati e dalle minacce alla sicurezza. La sicurezza IoT è una responsabilità condivisa che coinvolge utenti, sviluppatori e organizzazioni, ed è fondamentale per garantire un futuro connesso e sicuro.

Capitolo 3

Ruolo della crittografia nella sicurezza IoT- Tecniche di crittografia comuni- Tecniche di Crittografia per Proteggere i Dati IoT

Strategie per la protezione dei dati sensibili

"Nell'Internet delle Cose, proteggere i dati sensibili è la chiave per garantire la fiducia degli utenti, rispettare le leggi sulla privacy e creare un ecosistema IoT affidabile e sicuro."

La sicurezza nell'Internet delle Cose (IoT) è una sfida complessa e critica. Con un numero sempre crescente di dispositivi connessi, la protezione dei dati e delle comunicazioni diventa una priorità fondamentale. In questo capitolo, esploreremo il ruolo cruciale della crittografia nella sicurezza IoT. La crittografia è una tecnica di protezione dei dati che gioca un ruolo fondamentale nella difesa contro le minacce alla sicurezza IoT. Vedremo come funziona la crittografia, le tecniche comuni utilizzate e come può essere implementata in modo efficace per proteggere i dispositivi IoT e i dati che trasmettono.

Ruolo della crittografia nella sicurezza IoT

Il cuore della sicurezza IoT è la protezione dei dati e delle comunicazioni tra dispositivi connessi e servizi cloud. Questi dati possono includere informazioni personali, dati aziendali sensibili, comandi di controllo e molto altro. La crittografia è la tecnica chiave utilizzata per garantire che questi dati rimangano privati e sicuri durante la trasmissione e l'archiviazione.

Confidenzialità dei dati: Il primo e più ovvio ruolo della crittografia nella sicurezza IoT è quello di garantire la confidenzialità dei dati. Con l'uso di algoritmi di crittografia, i dati vengono convertiti in una forma illeggibile senza una chiave di decrittografia. Questo significa che anche se un attaccante riesce a intercettare i dati in transito, non potrà leggerli o comprenderli senza la chiave appropriata. Questo è essenziale per proteggere informazioni sensibili come password, informazioni finanziarie e dati personali.

Integrità dei dati: La crittografia non è solo una questione di segretezza, ma anche di integrità dei dati. Garantisce che i dati trasmessi o archiviati non siano stati alterati o manipolati durante il processo. Utilizzando algoritmi di hash crittografici, è possibile verificare se un dato è stato modificato dopo essere stato originariamente creato o trasmesso. Questo è fondamentale per garantire che i comandi inviati a dispositivi IoT, come termostati intelligenti o veicoli connessi, non siano stati alterati da terzi malintenzionati.

Autenticazione: La crittografia svolge un ruolo fondamentale nell'autenticazione dei dispositivi IoT e dei servizi cloud. Per garantire che solo dispositivi autorizzati possano accedere e comunicare con successo, vengono utilizzati protocolli di autenticazione crittografica. Questi protocolli verificano l'identità del dispositivo e del servizio prima di consentire l'accesso. Senza crittografia, i dispositivi potrebbero essere vittime di attacchi di spoofing, in cui un dispositivo malintenzionato si finge essere un dispositivo legittimo per ottenere l'accesso non autorizzato.

Protezione delle chiavi: Un elemento critico della crittografia nella sicurezza IoT è la gestione sicura delle chiavi crittografiche. Le chiavi sono essenziali per crittografare e decrittografare i dati. Devono essere protette da accessi non autorizzati e perdite. La crittografia fornisce i mezzi per proteggere e gestire in modo sicuro queste chiavi, garantendo che solo le persone o i dispositivi autorizzati possano accedervi.

Protezione della privacy: Nell'ambito della sicurezza IoT, la crittografia è fondamentale per la protezione della privacy. Poiché molti dispositivi IoT raccolgono dati sensibili sugli utenti, è essenziale garantire che questi dati non vengano utilizzati in modo improprio o divulgati senza autorizzazione. La crittografia garantisce che i dati rimangano crittografati durante la raccolta, la trasmissione e l'archiviazione, proteggendo così la privacy degli utenti.

Resilienza alle minacce: Infine, la crittografia aumenta la resilienza degli ecosistemi IoT alle minacce. Anche se un dispositivo o una rete vengono compromessi, i dati crittografati rimangono inaccessibili agli attaccanti senza la chiave di decrittografia. Questo fornisce un ulteriore livello di protezione contro attacchi come il furto di dati o l'intercettazione di comunicazioni.

In sintesi, la crittografia svolge un ruolo fondamentale nella protezione dei dati, della privacy e della sicurezza nell'ecosistema IoT. Senza crittografia, i dispositivi IoT sarebbero vulnerabili a una vasta gamma di minacce e attacchi. Nel prossimo segmento, esploreremo le tecniche di crittografia comuni utilizzate nella sicurezza IoT.

Tecniche di crittografia comuni

La crittografia è una componente cruciale della sicurezza nell'Internet delle Cose (IoT). Per proteggere i dati sensibili e garantire la sicurezza delle comunicazioni tra dispositivi connessi, vengono utilizzate diverse tecniche di crittografia. Queste tecniche consentono di trasformare i dati in una forma incomprensibile senza la chiave di decrittografia corretta. In questo modo, anche se un attaccante riesce ad accedere ai dati, non sarà in grado di comprenderli o utilizzarli. Di seguito, esamineremo alcune delle tecniche di crittografia più comuni utilizzate nella sicurezza IoT.

Crittografia a chiave simmetrica: Questa è una delle forme più semplici di crittografia ed è ampiamente utilizzata nell'IoT. In questa tecnica, la stessa chiave viene utilizzata sia per crittografare che per decrittografare i dati. Questo la rende efficiente in termini di risorse, ma richiede una gestione sicura delle chiavi, poiché la chiave deve essere condivisa tra mittente e destinatario. Alcuni algoritmi di crittografia simmetrica comunemente utilizzati includono AES (Advanced Encryption Standard) e DES (Data Encryption Standard).

Crittografia a chiave asimmetrica: Questa tecnica utilizza un paio di chiavi, una chiave pubblica e una chiave privata, per crittografare e decrittografare i dati. La chiave pubblica è condivisa liberamente, mentre la chiave privata è tenuta segreta.

Solo la chiave privata può decrittografare i dati crittografati con la chiave pubblica. Questo offre un alto livello di sicurezza, ma è più computazionalmente intensivo rispetto alla crittografia simmetrica. Un esempio comune di crittografia asimmetrica è RSA (Rivest-Shamir-Adleman).

Hashing crittografico: La crittografia a hash viene utilizzata per garantire l'integrità dei dati. Un algoritmo di hash prende un input (come un messaggio o un file) e lo trasforma in una stringa di lunghezza fissa, chiamata hash. Anche la più piccola modifica nei dati di input dovrebbe produrre un hash completamente diverso.

Gli hash vengono spesso utilizzati per verificare che i dati non siano stati alterati durante la trasmissione o l'archiviazione. Esempi di algoritmi di hash includono SHA-256 (Secure Hash Algorithm 256-bit) e MD5 (Message Digest 5).

Crittografia end-to-end: Questa tecnica garantisce che i dati siano crittografati all'origine e decrittografati solo dal destinatario finale. Nessuno, nemmeno il provider di servizi o l'infrastruttura di rete, può accedere ai dati in forma non crittografata durante il transito. Questo offre un livello molto elevato di privacy e sicurezza, ma richiede un'infrastruttura più complessa. È comunemente utilizzato nelle comunicazioni sicure tra dispositivi IoT e server cloud.

Crittografia a livello di applicazione: In alcuni casi, la crittografia viene implementata direttamente all'interno dell'applicazione o del dispositivo IoT. Questo consente un maggiore controllo sulla sicurezza dei dati, ma può essere più complesso da implementare. Le applicazioni possono utilizzare librerie di crittografia per crittografare dati sensibili prima di inviarli o archiviarli.

Crittografia basata su certificati: Questa tecnica utilizza certificati digitali per verificare l'identità di dispositivi o servizi IoT. I dispositivi ricevono certificati digitali da un'autorità di certificazione di fiducia, e questi certificati vengono utilizzati per autenticare i dispositivi durante le comunicazioni. Ciò garantisce che solo dispositivi autorizzati possano comunicare nella rete IoT.

Crittografia a chiave quantica: Questa è una tecnologia avanzata che sfrutta i principi della meccanica quantistica per la crittografia. È considerata altamente sicura, in quanto si basa su principi fisici fondamentali. Anche se non è ancora ampiamente utilizzata nell'IoT a causa della sua complessità e dei costi associati, potrebbe diventare una tecnologia chiave nel futuro.

Ogni tecnica di crittografia ha i suoi vantaggi e le sue limitazioni, e la scelta di quale utilizzare dipende dalle esigenze specifiche dell'applicazione IoT. In generale, una combinazione di queste tecniche può essere utilizzata per creare un ambiente sicuro per i dispositivi IoT e i dati che gestiscono. Nel prossimo segmento, esploreremo la protezione dei dati sensibili nell'ecosistema IoT.

Protezione dei dati sensibili nell'Internet delle Cose (IoT)

La protezione dei dati sensibili è una delle massime priorità nell'ambito dell'Internet delle Cose (IoT). Poiché i dispositivi IoT raccolgono e trasmettono una vasta gamma di dati, compresi dati personali, informazioni di localizzazione e dati sensibili per l'attività, è fondamentale garantire che questi dati siano al sicuro da accessi non autorizzati e da potenziali minacce. In questo capitolo, esploreremo l'importanza della protezione dei dati sensibili nell'ecosistema IoT e le strategie per raggiungere questo obiettivo.

Importanza della protezione dei dati sensibili

La protezione dei dati sensibili nell'IoT è cruciale per diverse ragioni:

Privacy degli utenti: I dati personali degli utenti, come informazioni di identificazione personale (PII), dati di salute e dati finanziari, vengono spesso raccolti e elaborati dai dispositivi IoT. Garantire la privacy degli utenti è essenziale per garantire la loro fiducia nell'utilizzo di tali dispositivi.

Conformità normativa: In molte giurisdizioni, esistono leggi rigorose sulla privacy dei dati che richiedono la protezione e la gestione adeguata dei dati personali. La violazione di queste leggi può comportare multe significative e danni alla reputazione dell'azienda.

Rischi di sicurezza: I dati sensibili possono diventare un bersaglio appetibile per gli attaccanti. Se i dati vengono compromessi, possono essere utilizzati per scopi fraudolenti, dannosi o illegali. La protezione dei dati riduce il rischio di violazioni della sicurezza.

Affidabilità dell'ecosistema IoT: La fiducia degli utenti nei dispositivi IoT è essenziale per l'adozione diffusa. Se i dati sensibili vengono compromessi, gli utenti potrebbero evitare di utilizzare tali dispositivi o servizi, compromettendo il successo dell'intero ecosistema IoT.

Tecniche di Crittografia per Proteggere i Dati IoT

Nell'ambito dell'Internet delle Cose (IoT), la protezione dei dati è di importanza cruciale. Dati sensibili trasmessi tra dispositivi IoT e server devono essere resi inaccessibili agli occhi indiscreti. Le tecniche di crittografia sono uno strumento fondamentale per garantire la confidenzialità e l'integrità dei dati IoT. In questa sezione, esploreremo alcune delle tecniche di crittografia più utilizzate per proteggere i dati IoT.

Crittografia a Chiave Simmetrica:

AES (Advanced Encryption Standard): AES è uno degli algoritmi di crittografia più popolari ed è ampiamente utilizzato nell'IoT. Utilizza una chiave condivisa per cifrare e decifrare i dati. La sua efficienza lo rende adatto ai dispositivi IoT con risorse limitate.

Crittografia a Chiave Pubblica:

RSA (Rivest-Shamir-Adleman): RSA è un algoritmo di crittografia a chiave pubblica che utilizza una coppia di chiavi, una pubblica e una privata. È spesso utilizzato per lo scambio sicuro di chiavi segrete tra dispositivi IoT e server.

Elliptic Curve Cryptography (ECC): ECC è un'altra tecnica di crittografia a chiave pubblica che offre un alto livello di sicurezza con chiavi più corte, rendendola adatta ai dispositivi IoT con limiti di risorse.

Crittografia End-to-End (E2E):

L'E2E implica la cifratura dei dati sul dispositivo IoT stesso prima della trasmissione e la decifratura solo sul destinatario finale. Questo garantisce che i dati siano protetti durante l'intera trasmissione, anche se passano attraverso reti non sicure.

Crittografia a Livello di Applicazione:

Questa tecnica coinvolge la cifratura dei dati all'interno delle applicazioni IoT stesse. È utile quando si desidera una maggiore flessibilità nella gestione delle chiavi di crittografia.

Quantum-Safe Cryptography:

Con la crescente minaccia della computazione quantistica, la crittografia "quantum-safe" sta emergendo come una soluzione per proteggere i dati IoT dall'attacco di computer quantistici. Alcuni esempi includono l'uso di lattice-based cryptography o algoritmi basati su reti neurali.

Crittografia per Dispositivi Leggeri:

Poiché molti dispositivi IoT hanno risorse limitate, sono stati sviluppati algoritmi di crittografia leggera. Questi algoritmi sono progettati per richiedere meno potenza di calcolo e memoria, rendendoli adatti ai dispositivi IoT a bassa potenza.

Secure Hardware Modules:

L'utilizzo di moduli hardware sicuri, come Trusted Platform Modules (TPM) o Hardware Security Modules (HSM), offre un'ulteriore protezione per le chiavi di crittografia e i dati sensibili.

Le scelte delle tecniche di crittografia dovrebbero tener conto delle specifiche esigenze di sicurezza del sistema IoT, tra cui le risorse hardware disponibili, i requisiti di latenza, la scalabilità e la minaccia di attacchi quantistici futuri. L'implementazione corretta di queste tecniche può contribuire in modo significativo a proteggere i dati IoT e garantire la sicurezza complessiva dell'ecosistema IoT.

Strategie per la protezione dei dati sensibili

Per proteggere i dati sensibili nell'ecosistema IoT, è necessario adottare una serie di strategie e best practice:

Crittaggio dei dati: Utilizzare tecniche di crittografia per proteggere i dati durante la trasmissione e l'archiviazione. Ciò garantisce che anche se i dati vengono intercettati, non saranno leggibili senza la chiave di decrittografia corretta.

Gestione sicura delle chiavi: Le chiavi di crittografia devono essere gestite in modo sicuro. Ciò include la generazione sicura delle chiavi, la loro distribuzione sicura ai dispositivi e la loro gestione durante tutto il loro ciclo di vita.

Autenticazione forte: Utilizzare meccanismi di autenticazione robusti per garantire che solo utenti autorizzati e dispositivi possano accedere ai dati sensibili. Ciò può includere l'uso di password complesse, autenticazione a due fattori (2FA) o autenticazione basata su certificati.

Controllo degli accessi: Implementare un rigoroso controllo degli accessi in modo che solo utenti e dispositivi autorizzati possano accedere ai dati sensibili. Questo può essere ottenuto attraverso la gestione delle autorizzazioni e la segmentazione di rete.

Monitoraggio e rilevamento delle minacce: Implementare sistemi di monitoraggio e rilevamento delle minacce per identificare comportamenti sospetti o intrusioni nei dispositivi IoT. Il rilevamento precoce delle minacce è essenziale per mitigare potenziali violazioni.

Aggiornamenti e patch regolari: Mantenere i dispositivi IoT aggiornati con le ultime patch di sicurezza è fondamentale per correggere le vulnerabilità note e proteggere i dati.

Formazione e sensibilizzazione: Educare gli utenti e gli operatori IoT sulla sicurezza informatica è importante per prevenire errori umani che potrebbero compromettere la protezione dei dati.

Conformità normativa: Assicurarsi di essere conformi alle leggi sulla privacy dei dati applicabili nella propria giurisdizione e rispettare le migliori pratiche di conformità.

La protezione dei dati sensibili nell'IoT è una sfida complessa ma fondamentale. Con l'adozione di queste strategie e il costante impegno per la sicurezza dei dati, è possibile creare un ambiente IoT più sicuro e affidabile per utenti e organizzazioni. Nel prossimo capitolo, esamineremo ulteriori aspetti della sicurezza nell'ecosistema IoT.

Capitolo 4

Importanza della gestione delle chiavi- Modelli di gestione delle chiavi-

Sicurezza nella distribuzione delle chiavi

"Nel cambiamento costante del mondo del lavoro, l'Intelligenza Artificiale è una

sfida e un'opportunità. Adattarsi e imparare a collaborare con l'IA è la chiave

per un futuro professionale di successo."

Importanza della gestione delle chiavi

L'importanza della gestione delle chiavi nell'ambito della sicurezza IoT è cruciale per garantire la confidenzialità, l'integrità e l'autenticità delle comunicazioni e dei dati scambiati tra dispositivi. Le chiavi crittografiche sono gli strumenti principali utilizzati per proteggere le informazioni sensibili e impedire accessi non autorizzati.

Nel contesto IoT, i dispositivi possono essere distribuiti in ambienti fisici diversi e possono comunicare tra loro attraverso reti eterogenee. Ciò rende fondamentale la gestione delle chiavi per garantire che solo dispositivi autorizzati possano accedere ai dati e alle funzionalità di altri dispositivi.

Una gestione delle chiavi efficace implica la generazione, la distribuzione, la rotazione e la revoca delle chiavi in modo sicuro e controllato. Inoltre, è essenziale monitorare costantemente l'uso delle chiavi e rilevare eventuali anomalie che potrebbero indicare attività sospette.

La perdita o la compromissione delle chiavi potrebbe avere gravi conseguenze per la sicurezza dell'intera rete IoT, consentendo ad attori malintenzionati di accedere ai dati sensibili o di compromettere l'integrità delle comunicazioni. Pertanto, l'importanza della gestione delle chiavi non può essere sottovalutata, ed è un elemento fondamentale nella creazione di un ecosistema IoT sicuro e affidabile.

Modelli di gestione delle chiavi

Esistono diversi modelli di gestione delle chiavi nell'ambito della sicurezza IoT, ciascuno dei quali offre un approccio unico per garantire la protezione delle informazioni sensibili e delle comunicazioni tra dispositivi. Di seguito, esamineremo alcuni dei modelli di gestione delle chiavi più comuni utilizzati nell'ecosistema IoT:

Modello Centralizzato: In questo modello, esiste un'entità centralizzata responsabile della generazione, della distribuzione e della gestione di tutte le chiavi crittografiche utilizzate nei dispositivi IoT. Questo approccio semplifica la gestione delle chiavi, ma pone il rischio di un singolo punto di compromissione. Se l'entità centrale viene compromessa, tutte le chiavi potrebbero essere a rischio.

Modello Distribuito: Nel modello distribuito, la responsabilità della gestione delle chiavi è suddivisa tra più entità o dispositivi all'interno dell'ecosistema IoT. Ogni dispositivo è responsabile della gestione delle proprie chiavi e può essere coinvolto nella gestione delle chiavi di altri dispositivi. Questo modello riduce il rischio di un singolo punto di compromissione ma richiede un maggiore coordinamento tra i dispositivi.

Modello Basato su Gerarchia: In questo modello, le chiavi sono organizzate in una gerarchia, con chiavi di livello superiore che possono essere utilizzate per generare e distribuire chiavi di livello inferiore. Ad esempio, una chiave master potrebbe essere utilizzata per generare chiavi per singoli dispositivi. Questo modello offre un maggiore controllo sulla gestione delle chiavi ma richiede una pianificazione attenta per garantire la sicurezza della gerarchia.

Modello Basato su Identità: In questo modello, le chiavi sono legate alle identità dei dispositivi o degli utenti. Ogni dispositivo ha una chiave unica associata alla sua identità, e l'accesso alle risorse è basato sulla verifica dell'identità. Questo modello è efficace per garantire l'autenticità degli utenti e dei dispositivi ma richiede una gestione accurata delle identità.

Modello Basato su Certificati: In questo modello, vengono utilizzati certificati digitali per autenticare i dispositivi e garantire la sicurezza delle comunicazioni. Ogni dispositivo possiede un certificato digitale rilasciato da un'autorità di certificazione di fiducia. Questo modello è altamente sicuro ma richiede una robusta infrastruttura di gestione dei certificati.

La scelta del modello di gestione delle chiavi dipende dalle esigenze specifiche dell'ecosistema IoT e dai requisiti di sicurezza. Spesso, una combinazione di questi modelli può essere utilizzata per garantire un livello adeguato di protezione delle chiavi e delle comunicazioni nei dispositivi IoT. La corretta implementazione di un modello di gestione delle chiavi è essenziale per garantire la sicurezza dell'ecosistema IoT e proteggere i dati sensibili.

Sicurezza nella distribuzione delle chiavi

La sicurezza nella distribuzione delle chiavi è un aspetto critico della gestione delle chiavi nell'ambito della sicurezza IoT. La distribuzione delle chiavi crittografiche tra dispositivi o utenti deve essere eseguita in modo sicuro per evitare che le chiavi cadano nelle mani sbagliate e compromettano la sicurezza dell'ecosistema IoT. Di seguito, esploreremo alcune delle considerazioni e delle pratiche chiave legate alla sicurezza nella distribuzione delle chiavi:

Canali Sicuri di Comunicazione: La distribuzione delle chiavi deve avvenire attraverso canali di comunicazione sicuri. Questo significa utilizzare connessioni crittografate e autenticate per trasferire le chiavi tra dispositivi o da un'autorità di gestione delle chiavi a un dispositivo. La crittografia dei canali protegge le chiavi da potenziali intercettazioni o manomissioni.

Utilizzo di Protocolli Sicuri: I protocolli utilizzati per la distribuzione delle chiavi devono essere sicuri e robusti. Protocolli come TLS (Transport Layer Security) sono ampiamente adottati per garantire la sicurezza delle comunicazioni e la distribuzione delle chiavi. Assicurarsi che i protocolli siano configurati correttamente è fondamentale per evitare vulnerabilità.

Autenticazione dei Dispositivi: Prima di distribuire una chiave a un dispositivo, è importante autenticare il dispositivo stesso. Ciò implica verificare l'identità del dispositivo e garantire che sia affidabile e non compromesso. L'autenticazione può essere basata su fattori come certificati digitali, credenziali o altri mezzi di identificazione.

Gestione delle Chiavi Temporanee: In alcune situazioni, potrebbe essere necessario distribuire chiavi temporanee per un periodo limitato. Assicurarsi che queste chiavi siano valide solo per il tempo necessario e che vengano revocate o scadano automaticamente al termine dell'uso.

Archiviazione Sicura delle Chiavi: Una volta distribuite, le chiavi devono essere archiviate in modo sicuro sui dispositivi o nei sistemi di gestione delle chiavi. Utilizzare meccanismi di archiviazione sicura, come moduli hardware di sicurezza (HSM) o archivi crittografati, per proteggere le chiavi da accessi non autorizzati.

Rotazione Periodica delle Chiavi: Le chiavi dovrebbero essere periodicamente cambiate o ruotate per limitare l'esposizione ai potenziali attacchi. La pianificazione di una politica di rotazione delle chiavi è una pratica consigliata per mantenere la sicurezza nel tempo.

Monitoraggio e Audit: Implementare sistemi di monitoraggio e audit per tracciare l'uso delle chiavi e rilevare eventuali attività sospette o non autorizzate. Il monitoraggio aiuta a identificare tempestivamente le violazioni della sicurezza e ad adottare misure correttive.

Procedure di Recupero Chiavi: Definire procedure e piani di recupero in caso di perdita o compromissione delle chiavi. È importante sapere come gestire situazioni di emergenza legate alle chiavi crittografiche.

Formazione e Consapevolezza: Formare il personale e gli utenti coinvolti nella gestione delle chiavi affinché comprendano l'importanza della sicurezza nella distribuzione delle chiavi e adottino pratiche sicure.

Conformità alle Normative: Assicurarsi che la distribuzione delle chiavi sia conforme alle normative e alle leggi sulla privacy applicabili nel contesto dell'IoT.

La sicurezza nella distribuzione delle chiavi è un elemento fondamentale per garantire che le chiavi crittografiche rimangano sotto controllo e non vengano compromesse. La corretta implementazione di queste pratiche contribuisce a proteggere la confidenzialità e l'integrità dei dati nell'ecosistema IoT, riducendo al minimo i rischi di violazioni della sicurezza.

Capitolo 5

Aggiornamenti e Patch di Sicurezza- Implementazione degli

aggiornamenti- Patch di sicurezza

"Le patch di sicurezza: cuciture invisibili che rinforzano il tessuto digitale del tuo

IoT, proteggendolo dai buchi e lacerazioni delle minacce informatiche."

La necessità degli aggiornamenti

Nel panorama dell'Internet delle Cose (IoT), la sicurezza riveste un ruolo cruciale. Gli aggiornamenti e le patch di sicurezza sono elementi fondamentali per garantire che i dispositivi IoT rimangano protetti da minacce e vulnerabilità in evoluzione. In questo capitolo, esploreremo la necessità degli aggiornamenti in profondità, analizzando le ragioni per cui sono essenziali nel contesto dei dispositivi IoT.

1. La natura mutevole delle minacce

Uno dei principali motivi per cui gli aggiornamenti sono essenziali per la sicurezza degli IoT è la natura mutevole delle minacce informatiche. Gli hacker e i criminali informatici sono costantemente alla ricerca di nuove vulnerabilità e vulnerabilità precedentemente sconosciute da sfruttare. Questo significa che, anche se un dispositivo IoT sembra sicuro oggi, potrebbe diventare vulnerabile domani. Pertanto, gli aggiornamenti regolari sono necessari per affrontare queste nuove minacce e garantire che i dispositivi rimangano protetti nel tempo.

2. Correzione di vulnerabilità conosciute

Gli aggiornamenti consentono anche di correggere vulnerabilità già conosciute. Quando vengono scoperte nuove vulnerabilità in un dispositivo IoT, i produttori di solito rilasciano patch di sicurezza per risolvere questi problemi. Senza aggiornamenti regolari, i dispositivi rimarrebbero vulnerabili a queste minacce notoriamente conosciute, mettendo a rischio la sicurezza dei dati e la privacy degli utenti.

3. Miglioramento delle funzionalità

Gli aggiornamenti non riguardano solo la sicurezza, ma anche il miglioramento delle funzionalità dei dispositivi IoT. Le nuove versioni del firmware o del software possono introdurre nuove funzionalità, migliorare le prestazioni e offrire una migliore esperienza utente. Mantenere i dispositivi aggiornati garantisce che gli utenti possano beneficiare di queste migliorie e ottenere il massimo valore dai loro investimenti in IoT.

4. Conformità normativa

In molte giurisdizioni, esistono regolamenti e normative che richiedono agli operatori di dispositivi IoT di mantenere i loro dispositivi aggiornati per garantire la sicurezza dei dati personali e la conformità alle leggi sulla privacy. Ignorare queste normative potrebbe comportare sanzioni legali e danni alla reputazione aziendale. Pertanto, gli aggiornamenti sono necessari per rispettare tali obblighi normativi.

5. Prevenzione delle vulnerabilità conosciute

Le vulnerabilità conosciute rappresentano un rischio significativo per la sicurezza dei dispositivi IoT. Gli hacker possono sfruttare queste vulnerabilità per ottenere accesso non autorizzato ai dispositivi e ai dati degli utenti. Gli aggiornamenti regolari sono fondamentali per prevenire l'exploit di vulnerabilità conosciute e proteggere i dispositivi da attacchi informatici.

In sintesi, la necessità degli aggiornamenti nei dispositivi IoT è innegabile.

Questi aggiornamenti sono essenziali per mantenere i dispositivi al sicuro

dalle minacce in evoluzione, correggere vulnerabilità conosciute,

migliorare le funzionalità e garantire la conformità normativa. Nel

prossimo segmento, esamineremo come vengono implementati gli

aggiornamenti nei dispositivi IoT e l'importanza di una gestione degli

aggiornamenti efficace.

Implementazione degli aggiornamenti

L'implementazione degli aggiornamenti nei dispositivi IoT è una fase

critica per garantire la sicurezza e le prestazioni ottimali. Gli

aggiornamenti possono riguardare sia il software che il firmware dei

dispositivi, ed è essenziale che vengano gestiti con attenzione e precisione

per evitare potenziali problemi. In questo segmento, esploreremo

l'importanza dell'implementazione degli aggiornamenti e le best practice

per farlo in modo efficace.

1. Pianificazione degli aggiornamenti

La pianificazione è la chiave per un'implementazione degli aggiornamenti di successo. Prima di effettuare qualsiasi aggiornamento, è importante sviluppare una strategia chiara che includa una pianificazione temporale, una lista delle risorse coinvolte e una valutazione dei rischi. Questa pianificazione dovrebbe essere basata sulle esigenze specifiche del dispositivo IoT e dovrebbe essere flessibile per adattarsi alle sfide impreviste.

2. Test preliminari

Prima di distribuire un aggiornamento a tutti i dispositivi IoT, è fondamentale eseguire test preliminari approfonditi. Questi test dovrebbero simulare diverse situazioni e scenari di utilizzo per identificare potenziali problemi o incompatibilità. Inoltre, i test dovrebbero includere una valutazione della sicurezza per garantire che l'aggiornamento non introduca nuove vulnerabilità.

3. Distribuzione graduale

Una pratica comune nell'implementazione degli aggiornamenti è la distribuzione graduale. Invece di rilasciare l'aggiornamento a tutti i dispositivi contemporaneamente, è possibile farlo in fasi. Questo approccio consente di monitorare da vicino l'impatto dell'aggiornamento e di intervenire rapidamente in caso di problemi. Inoltre, riduce il rischio di interruzioni di servizio su larga scala.

4. Aggiornamenti automatici

Nei dispositivi IoT, l'implementazione di aggiornamenti automatici può essere particolarmente vantaggiosa.

Gli aggiornamenti automatici consentono ai dispositivi di scaricare e installare autonomamente le ultime versioni del software o del firmware senza richiedere l'intervento dell'utente.

Tuttavia, è essenziale fornire all'utente il controllo su questa funzionalità per rispettare la privacy e la sicurezza.

5. Monitoraggio e reporting

Dopo l'implementazione degli aggiornamenti, il monitoraggio continuo è fondamentale. È necessario tenere traccia delle prestazioni dei dispositivi dopo l'aggiornamento e raccogliere feedback dagli utenti. In caso di problemi o segnalazioni di vulnerabilità, è importante essere pronti a rilasciare patch correttive o aggiornamenti supplementari.

6. Gestione delle rollback

In alcuni casi, potrebbe essere necessario effettuare un rollback degli aggiornamenti. Questo significa tornare alla versione precedente del software o del firmware in caso di problemi gravi o incompatibilità. La capacità di effettuare rollback in modo efficiente è essenziale per evitare interruzioni prolungate dei servizi.

7. Sicurezza durante l'implementazione

Durante l'implementazione degli aggiornamenti, è importante garantire la sicurezza del processo. Ciò include la protezione dei dati durante il trasferimento degli aggiornamenti, la verifica dell'autenticità degli aggiornamenti stessi e l'adozione di misure per prevenire attacchi durante il processo di installazione.

In conclusione, l'implementazione degli aggiornamenti nei dispositivi IoT richiede una pianificazione attenta, test preliminari approfonditi e una gestione oculata. Seguendo le best practice e prestando attenzione alla sicurezza, è possibile garantire che gli aggiornamenti migliorino le prestazioni e la sicurezza dei dispositivi IoT senza causare interruzioni o vulnerabilità indesiderate. Nel prossimo segmento, esamineremo l'importanza delle patch di sicurezza nei dispositivi IoT e come vengono gestite per affrontare le minacce in evoluzione.

Patch di sicurezza

Le patch di sicurezza sono un elemento fondamentale nella gestione della sicurezza dei dispositivi IoT. Queste correzioni software sono progettate per risolvere vulnerabilità e falle di sicurezza che potrebbero essere sfruttate da attaccanti malevoli. In questo capitolo, esploreremo il ruolo cruciale delle patch di sicurezza nei dispositivi IoT e le best practice per garantire una gestione efficace.

1. Identificazione delle vulnerabilità

Il primo passo nella gestione delle patch di sicurezza è l'identificazione delle vulnerabilità. Questo può avvenire attraverso il monitoraggio costante dei dispositivi IoT e l'analisi delle minacce emergenti. Le organizzazioni devono essere pronte a ricevere segnalazioni di vulnerabilità da parte degli utenti o dai ricercatori di sicurezza e ad agire tempestivamente.

2. Prioritizzazione delle patch

Non tutte le vulnerabilità richiedono lo stesso grado di urgenza nell'applicazione delle patch. È importante stabilire un processo di valutazione delle patch che tenga conto del rischio associato a ciascuna vulnerabilità. Le patch per le vulnerabilità più critiche dovrebbero essere applicate rapidamente, mentre quelle meno urgenti possono seguire un programma più flessibile.

3. Distribuzione tempestiva

La tempestività è essenziale nella distribuzione delle patch di sicurezza. Gli attaccanti sfruttano spesso vulnerabilità note, quindi ritardare l'applicazione delle patch mette a rischio la sicurezza dei dispositivi IoT. Le organizzazioni devono avere procedure solide per testare e distribuire rapidamente le patch senza causare interruzioni significative nei servizi.

4. Automazione delle patch

L'automazione delle patch può semplificare notevolmente il processo di gestione delle patch di sicurezza. I dispositivi IoT possono essere programmati per scaricare e installare automaticamente le patch appena disponibili. Questa automazione riduce il rischio di errori umani e garantisce che i dispositivi siano sempre aggiornati con le ultime correzioni di sicurezza.

5. Controllo di conformità

Dopo l'applicazione delle patch, è essenziale effettuare un controllo di conformità per verificare che le correzioni siano state applicate correttamente e che i dispositivi funzionino come previsto. Questo processo di controllo aiuta a individuare eventuali problemi causati dalle patch e a risolverli tempestivamente.

6. Gestione delle rollback

In alcuni casi, l'applicazione di una patch potrebbe causare problemi inaspettati o incompatibilità. In tali situazioni, è importante avere un piano di rollback in atto. Questo consente di tornare alla versione precedente del software o del firmware per ripristinare il funzionamento dei dispositivi in caso di emergenza.

7. Trasparenza e comunicazione

La comunicazione è fondamentale nella gestione delle patch di sicurezza. Gli utenti e gli stakeholder devono essere informati in modo trasparente sugli aggiornamenti e sulle correzioni applicate. Questo crea fiducia e consapevolezza nella comunità degli utenti.

8. Monitoraggio continuo

La gestione delle patch di sicurezza non è un processo a senso unico. Deve essere un ciclo continuo di monitoraggio, identificazione, applicazione e valutazione delle patch. Le minacce evolvono costantemente, quindi è importante rimanere vigili e pronti a rispondere a nuove vulnerabilità.

In sintesi, le patch di sicurezza sono uno strumento fondamentale per garantire la protezione dei dispositivi IoT. Una gestione efficace richiede un'identificazione tempestiva delle vulnerabilità, una distribuzione rapida delle correzioni e una comunicazione trasparente con gli utenti. Nel prossimo capitolo, esploreremo le sfide legate alla gestione delle identità e degli accessi nei dispositivi IoT e le strategie per affrontarle con successo.

Capitolo 6

Ruolo del monitoraggio nella sicurezza IoT- Come rispondere agli incidenti di sicurezza- Pianificazione della risposta agli incidenti

"Ciò che fai prima di un incidente può definire il tuo futuro. La pianificazione della risposta agli incidenti nell'IoT è come un faro che guida nella tempesta della sicurezza, illuminando il cammino per proteggere ciò che conta di più."

Ruolo del monitoraggio nella sicurezza IoT

Il monitoraggio svolge un ruolo critico nella sicurezza dell'Internet delle cose (IoT). Poiché gli ambienti IoT comprendono una vasta gamma di dispositivi interconnessi e dati sensibili, il monitoraggio costante è essenziale per identificare e affrontare le minacce alla sicurezza in modo tempestivo ed efficace. In questo capitolo, esploreremo il ruolo fondamentale del monitoraggio nella protezione degli ecosistemi IoT e come può contribuire a mitigare i rischi e a garantire la sicurezza delle reti e dei dispositivi.

L'importanza del monitoraggio IoT

Il monitoraggio IoT è il processo di sorveglianza costante dei dispositivi, delle reti e dei dati nell'ecosistema IoT al fine di rilevare comportamenti anomali o potenziali minacce alla sicurezza. Questa pratica è fondamentale per diversi motivi:

Identificazione delle minacce in tempo reale: Il monitoraggio consente di individuare immediatamente qualsiasi attività sospetta o non autorizzata all'interno della rete IoT. Ciò è cruciale per prevenire o limitare danni causati da attacchi informatici o intrusioni.

Risposta rapida agli incidenti: Grazie al monitoraggio continuo, le organizzazioni possono rispondere prontamente agli incidenti di sicurezza, isolando le minacce e mitigando i danni prima che si diffondano nell'intera rete.

Miglioramento della visibilità: Il monitoraggio fornisce una visibilità dettagliata sull'attività della rete IoT. Questa conoscenza approfondita è essenziale per comprendere il comportamento normale dei dispositivi e rilevare eventuali anomalie.

Conformità normativa: In molti settori, esistono regolamenti e normative che richiedono il monitoraggio costante degli ambienti IoT. Mantenere la conformità è fondamentale per evitare sanzioni e penalità legali.

Prevenzione delle violazioni dei dati: Il monitoraggio può contribuire a prevenire la perdita o il furto di dati sensibili dagli ambienti IoT. La tempestiva identificazione delle violazioni consente di adottare misure correttive immediate.

Componenti del monitoraggio IoT

Il monitoraggio IoT coinvolge una serie di componenti chiave, tra cui:

Sensori e dispositivi di monitoraggio: Questi dispositivi sono responsabili della raccolta di dati da vari punti dell'ecosistema IoT. Possono includere sensori di temperatura, telecamere di sicurezza, rilevatori di movimento e molti altri.

Piattaforme di raccolta dati: Le piattaforme di raccolta dati ricevono e archiviano i dati provenienti dai sensori. Possono essere locali o basate su cloud e svolgono un ruolo fondamentale nella gestione delle informazioni raccolte.

Analisi dei dati: Questo componente utilizza algoritmi avanzati per analizzare i dati raccolti e identificare pattern o comportamenti anomali che potrebbero indicare una minaccia alla sicurezza.

Avvisi e notifiche: Quando vengono rilevate anomalie o minacce, il sistema di monitoraggio invia avvisi e notifiche agli amministratori o agli operatori di sicurezza, consentendo loro di intraprendere azioni correttive.

Pianificazione delle risposte: Il monitoraggio non si limita all'individuazione delle minacce; include anche la pianificazione delle risposte. Questo passaggio definisce le azioni da intraprendere in caso di violazioni o incidenti di sicurezza.

Reportistica e analisi retrospettiva: La registrazione e l'archiviazione dei dati di monitoraggio consentono l'analisi retrospettiva degli eventi. Questo è importante per migliorare continuamente le misure di sicurezza e prevenire futuri incidenti.

In breve, il monitoraggio IoT è una pratica fondamentale per proteggere i dispositivi e le reti IoT dagli attacchi informatici e garantire un funzionamento sicuro ed efficiente dell'ecosistema IoT. Nelle sezioni successive di questo capitolo, esamineremo come rispondere efficacemente agli incidenti di sicurezza e pianificare la gestione delle minacce nell'ambiente IoT in continua evoluzione.

Come rispondere agli incidenti di sicurezza

La sicurezza nell'Internet delle cose (IoT) richiede non solo misure preventive, ma anche un piano efficace per rispondere agli incidenti di sicurezza quando si verificano. Gli incidenti possono variare dalla violazione dei dati alla compromissione dei dispositivi e devono essere gestiti prontamente per limitare i danni e ripristinare la sicurezza nell'ecosistema IoT. In questo capitolo, esploreremo come pianificare una risposta efficace agli incidenti di sicurezza nell'ambito dell'IoT.

Fasi di risposta agli incidenti

La risposta agli incidenti di sicurezza IoT segue una serie di fasi chiave, ognuna delle quali è fondamentale per affrontare con successo la situazione:

Identificazione: La prima fase consiste nell'identificare l'incidente. Ciò può avvenire attraverso il monitoraggio costante dell'ecosistema IoT, la ricezione di notifiche di allarme o la segnalazione da parte di utenti o operatori. È importante riconoscere rapidamente che si è verificato un incidente.

Isolamento: Una volta identificato l'incidente, è essenziale isolare immediatamente le parti colpite o i dispositivi compromessi. Questo può impedire la diffusione dell'attacco e limitare i danni.

Analisi: Dopo l'isolamento, è necessario condurre un'analisi dettagliata dell'incidente. Questa fase comporta la determinazione della natura dell'attacco, dei punti deboli che hanno permesso l'incidente e dell'estensione del danno. L'analisi è fondamentale per sviluppare strategie di risposta appropriate.

Risposta: Sulla base dell'analisi, si può sviluppare un piano di risposta mirato. Ciò può includere la rimozione dell'attaccante dalla rete, il ripristino dei dati compromessi e l'implementazione di misure di sicurezza aggiuntive per prevenire ulteriori incidenti simili.

Comunicazione: È importante comunicare chiaramente l'incidente a tutte le parti interessate, compresi gli utenti, i clienti, i dipendenti e le autorità competenti, se necessario. La trasparenza nella comunicazione può contribuire a mantenere la fiducia e a ridurre il danno reputazionale.

Ripristino: Una volta che l'incidente è stato gestito con successo, è necessario pianificare il ripristino dell'ambiente IoT alla sua piena funzionalità. Questo può comportare la revisione delle politiche di sicurezza, l'aggiornamento dei dispositivi e la valutazione della vulnerabilità residua.

Preparazione alla risposta agli incidenti

La preparazione è essenziale per garantire una risposta efficace agli incidenti di sicurezza IoT. Alcuni passaggi chiave includono:

Sviluppo di un piano di risposta: Ogni organizzazione dovrebbe avere un piano di risposta agli incidenti ben definito. Questo piano dovrebbe dettagliare le procedure da seguire in caso di incidenti, inclusi i ruoli e le responsabilità dei membri del team.

Addestramento del personale: Il personale dovrebbe essere addestrato per riconoscere e affrontare gli incidenti di sicurezza. Questo può includere l'istruzione sulle procedure di risposta e l'identificazione delle minacce.

Test periodici: Il piano di risposta dovrebbe essere testato regolarmente attraverso esercitazioni e simulazioni di incidenti. Ciò aiuta a identificare eventuali debolezze o lacune nel piano.

Collaborazione con esperti esterni: In alcuni casi, potrebbe essere necessario coinvolgere esperti esterni, come società di sicurezza informatica o autorità legali, per affrontare gli incidenti più complessi.

Affrontare con successo gli incidenti di sicurezza IoT richiede una pianificazione e una preparazione attente. Una risposta efficace può non solo limitare i danni, ma anche rafforzare la sicurezza complessiva nell'ecosistema IoT. Nelle sezioni successive di questo capitolo, esamineremo come pianificare la gestione delle minacce nell'ambiente IoT in continua evoluzione.

Pianificazione della risposta agli incidenti

La pianificazione della risposta agli incidenti è un elemento cruciale della gestione della sicurezza nell'Internet delle cose (IoT). Gli incidenti di sicurezza possono verificarsi in qualsiasi momento e prepararsi adeguatamente a affrontarli può fare la differenza tra un rapido ripristino e potenziali danni irreparabili. In questo capitolo, esamineremo come pianificare e implementare un efficace piano di risposta agli incidenti nell'ambito dell'IoT.

Fasi della pianificazione della risposta agli incidenti

La pianificazione della risposta agli incidenti segue diverse fasi chiave, ciascuna delle quali svolge un ruolo fondamentale nella gestione dell'incidente:

Preparazione: La fase di preparazione è essenziale per sviluppare un piano di risposta completo. Questa fase coinvolge la raccolta di informazioni sulle minacce potenziali, l'identificazione delle risorse necessarie per affrontare gli incidenti e la formazione del personale coinvolto nella risposta.

Rilevamento e notifica: La capacità di rilevare tempestivamente un incidente è fondamentale. Questo può avvenire attraverso sistemi di monitoraggio costanti o l'uso di sensori e allarmi che segnalano attività sospette. Una volta rilevato un incidente, è necessario notificarlo immediatamente al team di risposta agli incidenti.

Valutazione e analisi: Dopo la notifica, il team di risposta deve valutare la natura e l'estensione dell'incidente. Questa fase comporta l'analisi delle informazioni raccolte per determinare l'origine dell'incidente, le sue potenziali implicazioni e il suo impatto sui dispositivi IoT e sulla rete.

Contenimento e mitigazione: Una volta compresa la portata dell'incidente, il team deve agire rapidamente per contenere l'attacco e mitigare i danni. Questo può comportare l'isolamento dei dispositivi compromessi, la chiusura delle vulnerabilità e l'implementazione di contromisure per prevenire ulteriori danni.

Ripristino: Dopo aver contenuto l'incidente, è necessario pianificare il ripristino dell'ambiente IoT alla sua piena funzionalità. Questo può comportare il ripristino dei dati, la correzione delle vulnerabilità e la verifica dell'integrità del sistema.

Comunicazione: Durante tutto il processo di risposta, è importante comunicare chiaramente con tutte le parti interessate, compresi gli utenti, i clienti e le autorità competenti. La trasparenza nella comunicazione può contribuire a mantenere la fiducia e a ridurre il danno reputazionale.

Documentazione e analisi post-incidente: Una volta risolto l'incidente, è essenziale documentare l'intera esperienza. Questo può includere un'analisi post-incidente per identificare le lezioni apprese e le opportunità di miglioramento nel piano di risposta.

Ruolo della tecnologia nella pianificazione della risposta

La tecnologia svolge un ruolo critico nella pianificazione della risposta agli incidenti IoT. Alcuni strumenti e risorse chiave includono:

Sistemi di monitoraggio avanzati: L'uso di sistemi di monitoraggio avanzati può aiutare a rilevare le attività sospette in tempo reale e a fornire notifiche immediate al team di risposta agli incidenti.

Software di gestione degli incidenti: Questi software consentono di tracciare e documentare l'intera risposta agli incidenti, garantendo che tutte le azioni siano registrate e monitorate.

Simulazioni di incidenti: Le simulazioni di incidenti consentono al personale di esercitarsi nella gestione degli incidenti in un ambiente controllato, aiutando a migliorare la preparazione e la prontezza.

Strumenti di comunicazione sicura: La comunicazione durante un incidente deve essere sicura e protetta da potenziali minacce. Gli strumenti di comunicazione crittografata possono essere fondamentali in questo contesto.

La pianificazione della risposta agli incidenti è un processo in continua evoluzione. È importante che le organizzazioni periodicamente riesaminino e aggiornino i loro piani per affrontare le minacce emergenti nell'ambiente IoT.

Capitolo 7

Sfruttare l'Internet delle Cose (IoT) per la Casa- La Sicurezza nell'IoT

Domestico- Automazioni IoT Fai-da-te

"Crea la tua casa del futuro, passo dopo passo. Con l'IoT fai-da-te, il controllo e

la personalizzazione sono nelle tue mani."

Automazioni IoT per la Casa

Sfruttare l'Internet delle Cose (IoT) per la Casa

Negli ultimi anni, l'Internet delle Cose (IoT) ha portato una rivoluzione nell'ambito delle automazioni domestiche. Questo capitolo esplorerà come l'IoT stia trasformando la nostra casa, offrendo soluzioni intelligenti e connesse che migliorano la comodità, l'efficienza energetica e la sicurezza.

La Casa Intelligente: Una Realtà a Portata di Mano

La visione di una casa intelligente, una volta confinata alla fantascienza, è ora una realtà accessibile a molti. Gli oggetti di uso quotidiano, come le luci, i termostati, i dispositivi di sicurezza e gli elettrodomestici, sono diventati interconnessi e in grado di comunicare tra loro tramite Internet. Questo apre le porte a una serie di vantaggi per i proprietari di case:

Comodità: Con l'IoT, puoi controllare e automatizzare molti aspetti della tua casa tramite smartphone o comandi vocali. Puoi regolare la temperatura, accendere le luci, gestire gli elettrodomestici e persino monitorare chi entra e esce dalla tua casa, il tutto con un semplice tocco.

Efficienza Energetica: Gli smart thermostat ti consentono di regolare il riscaldamento e il raffreddamento in base al tuo programma giornaliero, risparmiando energia e denaro. Inoltre, i sensori di luce possono assicurarsi che le luci siano accese solo quando necessario.

Sicurezza: I dispositivi di sicurezza IoT, come telecamere di sorveglianza e sistemi di allarme, forniscono un monitoraggio costante della tua casa. Riceverai notifiche in tempo reale in caso di attività sospette o intrusioni.

Accessibilità: L'IoT può migliorare la qualità della vita per le persone con disabilità o anziani. I dispositivi possono essere configurati per rispondere a comandi vocali o essere controllati tramite app, consentendo una maggiore indipendenza.

Esempi di Automazioni IoT per la Casa

Per comprendere appieno il potenziale dell'IoT domestico, vediamo alcuni esempi di automazioni comuni:

Illuminazione Intelligente: Puoi programmare le luci per accendersi o spegnersi automaticamente in base all'orario o alle condizioni di luce. Inoltre, puoi regolare l'intensità luminosa in base alle tue preferenze.

Termostati Intelligenti: Questi dispositivi imparano le tue abitudini di riscaldamento e raffreddamento e ottimizzano automaticamente le impostazioni per il massimo comfort ed efficienza.

Assistenti Vocali: Altoparlanti intelligenti come Amazon Echo e Google Home ti consentono di controllare una vasta gamma di dispositivi con comandi vocali. Puoi chiedere alla tua casa di suonare musica, leggere le notizie o persino darti ricette di cucina.

Sistemi di Sicurezza: Le telecamere di sorveglianza IoT consentono di tenere d'occhio la tua casa da remoto. Riceverai avvisi in tempo reale in caso di attività sospette.

Elettrodomestici Intelligenti: Lavatrici, asciugatrici, frigoriferi e forni possono essere connessi all'IoT, consentendoti di controllarli e monitorarli da lontano.

Questi sono solo esempi iniziali, ma il potenziale dell'IoT per la casa è in costante crescita. Le soluzioni IoT offrono flessibilità e personalizzazione per adattarsi alle tue esigenze specifiche, rendendo la tua casa più intelligente e connessa che mai.

La Sicurezza nell'IoT Domestico

L'Internet delle Cose (IoT) ha aperto la porta a una nuova era di automazioni e connessioni nella nostra vita quotidiana, ma con questa crescente interconnessione, sorge una questione fondamentale: la sicurezza. Questo capitolo esplorerà l'importanza della sicurezza nell'IoT domestico e come proteggere la tua casa dai potenziali rischi.

La Crescita Esplosiva dell'IoT Domestico

L'IoT domestico è in costante crescita, con un'ampia gamma di dispositivi che vanno dai termostati intelligenti alle videocamere di sorveglianza e agli assistenti vocali. Questi dispositivi offrono indubbi vantaggi in termini di comodità e efficienza, ma la crescente interconnessione li rende vulnerabili agli attacchi informatici.

Le Minacce alla Sicurezza nell'IoT Domestico

Le minacce alla sicurezza nell'IoT domestico possono avere gravi conseguenze. Ecco alcune delle principali minacce:

Accesso Non Autorizzato: Se i tuoi dispositivi IoT non sono adeguatamente protetti, gli hacker potrebbero riuscire ad accedere alla tua rete domestica. Ciò potrebbe consentire loro di rubare dati personali o prendere il controllo dei dispositivi.

Spyware e Malware: I dispositivi IoT possono essere infettati da spyware o malware che monitorano le tue attività o compromettono la tua privacy.

Attacchi DDoS: Gli hacker potrebbero utilizzare i dispositivi IoT per lanciare attacchi Distribuited Denial of Service (DDoS) contro siti web o servizi online. Questi attacchi possono rendere inaccessibili i servizi online per un ampio pubblico.

Violazioni della Privacy: Le telecamere e i microfoni dei dispositivi IoT potrebbero essere compromessi, consentendo a terzi di spiare la tua casa e le tue conversazioni.

Ransomware: Gli hacker potrebbero cifrare i dati dei tuoi dispositivi IoT e chiedere un riscatto per ripristinarli.

Principi di Base della Sicurezza nell'IoT Domestico

Per proteggere la tua casa e la tua privacy, è fondamentale adottare buone pratiche di sicurezza nell'IoT domestico. Ecco alcuni principi di base:

Aggiornamenti Regolari: Mantieni sempre i tuoi dispositivi IoT aggiornati con le ultime patch di sicurezza. Gli aggiornamenti spesso correggono vulnerabilità noti.

Password Forti: Utilizza password complesse per i tuoi dispositivi e router Wi-Fi. Cambia le password predefinite fornite dai produttori.

Rete Separata: Crea una rete Wi-Fi separata per i tuoi dispositivi IoT in modo che, se un dispositivo viene compromesso, non possa accedere al resto della tua rete domestica.

Firewall: Installa un firewall per proteggere la tua rete e bloccare il traffico non autorizzato.

Crittografia: Abilita la crittografia sui tuoi dispositivi IoT in modo che i dati siano protetti durante la trasmissione.

Privacy Settings: Controlla le impostazioni sulla privacy dei tuoi dispositivi e limita l'accesso alle informazioni personali.

Monitoraggio Costante: Monitora regolarmente i tuoi dispositivi IoT per rilevare attività sospette o aggiornamenti necessari.

Sicurezza del Router: Assicurati che il tuo router Wi-Fi sia protetto con una password forte e abilita le funzioni di sicurezza offerte dal produttore.

Proteggere la tua casa nell'era dell'IoT richiede un impegno costante per mantenere la sicurezza e la privacy. Seguendo questi principi di base e rimanendo consapevole delle minacce potenziali, puoi godere dei vantaggi dell'IoT senza compromettere la sicurezza.

Automazioni IoT Fai-da-te

L'Internet delle Cose (IoT) ha aperto nuove possibilità per l'automazione e il controllo intelligente della tua casa. Tuttavia, non è necessario acquistare costosi dispositivi IoT preconfigurati per sfruttare i vantaggi dell'automazione. Con un po' di creatività e conoscenze tecniche di base, è possibile creare le proprie soluzioni IoT fai-da-te. In questo capitolo, esploreremo come iniziare a costruire automazioni IoT personalizzate per la tua casa.

Cos'è l'IoT Fai-da-te?

L'IoT fai-da-te è un approccio che ti consente di creare e personalizzare dispositivi IoT e automazioni per soddisfare le tue esigenze specifiche. Puoi utilizzare componenti e sensori disponibili sul mercato e programmare il loro comportamento per automatizzare varie attività domestiche.

Vantaggi dell'IoT Fai-da-te

Ci sono diversi vantaggi nell'adottare un approccio fai-da-te all'IoT:

Personalizzazione: Puoi progettare automazioni esattamente come le desideri, adattandole alle tue specifiche esigenze e preferenze.

Risparmio Economico: Costruire i tuoi dispositivi IoT può essere più economico rispetto all'acquisto di soluzioni commerciali.

Apprendimento: Imparerai molto sul funzionamento dell'IoT, dalla progettazione all'implementazione, migliorando le tue competenze tecniche.

Come Iniziare con l'IoT Fai-da-te

Ecco come puoi iniziare con l'IoT fai-da-te:

Definisci l'Obiettivo: Prima di tutto, identifica l'automazione che desideri creare. Potrebbe essere un sistema di illuminazione intelligente, un termostato controllato a distanza o persino una macchina per il caffè programmabile.

Ricerca dei Componenti: Cerca i componenti e i sensori necessari per il tuo progetto. Puoi trovare una vasta gamma di sensori di temperatura, umidità, movimento, luci e altro ancora online o in negozi di elettronica.

Scegli la Piattaforma: Decidi quale piattaforma hardware utilizzerai per il tuo progetto. Raspberry Pi, Arduino e ESP8266 sono alcune delle opzioni popolari per la creazione di dispositivi IoT fai-da-te.

Sviluppa il Codice: Programma il comportamento del tuo dispositivo IoT utilizzando linguaggi di programmazione come Python, C++ o JavaScript, a seconda della piattaforma che hai scelto.

Assemblaggio e Test: Collega i componenti, carica il codice sul tuo dispositivo e testa il funzionamento dell'automazione. Assicurati che tutto funzioni come previsto.

Integrazione con la Rete: Se desideri controllare il tuo dispositivo IoT da remoto, potresti dover configurare l'accesso da Internet attraverso una rete virtuale privata (VPN) o altri metodi di sicurezza.

Miglioramenti e Ottimizzazioni: Una volta completato il tuo progetto, continua a migliorarlo e ottimizzarlo in base alle tue esigenze in evoluzione.

Risorse e Comunità

Esistono numerose risorse online e comunità dedicate all'IoT fai-da-te. Puoi trovare tutorial, progetti open source e forum di discussione che ti aiuteranno a iniziare e a risolvere eventuali problemi. Sfruttando queste risorse, puoi avviare il tuo percorso nell'IoT fai-da-te e creare soluzioni personalizzate per rendere la tua casa più intelligente e automatizzata.

Capitolo 8

IoT e l'Energia del Futuro: Ottimizzazione, Monitoraggio e Sostenibilità- Monitoraggio dei Consumi Energetici- Gestione Intelligente delle Reti Energetiche- Integrazione delle Energie Rinnovabili- Integrazione delle Energie Rinnovabili

"Cogli l'energia del futuro con l'IoT: una visione intelligente per un mondo più verde e sostenibile."

IoT e l'Energia del Futuro: Ottimizzazione, Monitoraggio e Sostenibilità

Monitoraggio dei Consumi Energetici

Il monitoraggio dei consumi energetici è diventato uno degli ambiti principali in cui l'Internet delle Cose (IoT) sta portando innovazione e miglioramenti significativi. Questa tecnologia sta rivoluzionando la gestione e l'ottimizzazione dell'energia, consentendo a individui, imprese e persino intere comunità di monitorare e gestire in modo più efficiente il loro utilizzo di energia.

Il monitoraggio dei consumi energetici è un concetto chiave per affrontare le sfide energetiche globali, tra cui la crescente domanda di energia, l'efficienza energetica, e la transizione verso fonti energetiche più sostenibili. In questo capitolo, esploreremo come l'IoT sta contribuendo a risolvere queste sfide, mettendo in luce i seguenti temi:

1. Il Ruolo Critico del Monitoraggio dei Consumi Energetici

Il monitoraggio dei consumi energetici svolge un ruolo cruciale nella gestione delle risorse energetiche. Grazie all'IoT, ora è possibile raccogliere dati dettagliati sui consumi energetici in tempo reale. Questi

dati forniscono informazioni preziose per identificare aree di spreco

energetico e apportare miglioramenti significativi. Imprese, istituzioni

pubbliche e privati cittadini stanno adottando dispositivi IoT per tenere

traccia dei loro consumi energetici e prendere decisioni informate sulla

riduzione dei costi e sull'efficienza.

2. Dispositivi e Sensori Intelligenti

Gli sviluppi nell'ambito dei dispositivi e dei sensori IoT stanno

trasformando il modo in cui raccogliamo dati sui consumi energetici.

Sensori intelligenti e dispositivi di misurazione possono essere installati in

tutto l'ambiente, dalle case agli edifici commerciali alle reti energetiche.

Questi dispositivi raccolgono dati dettagliati, tra cui consumo di elettricità,

gas, acqua e altro ancora. Grazie a una connettività sempre attiva e a

strumenti di analisi dati avanzati, è possibile ottenere una visione completa

dei modelli di consumo energetico.

3. Efficienza Energetica e Risparmio

L'obiettivo principale del monitoraggio dei consumi energetici tramite l'IoT è migliorare l'efficienza energetica. Con i dati raccolti dai sensori IoT, è possibile identificare picchi di consumo, sprechi energetici e opportunità per ottimizzare l'uso dell'energia. Questo non solo riduce i costi energetici, ma contribuisce anche a una riduzione delle emissioni di carbonio e all'uso più sostenibile delle risorse energetiche.

4. Monitoraggio Energetico a Livello Urbano

Le applicazioni dell'IoT per il monitoraggio dei consumi energetici si estendono anche a livello urbano. Molte città stanno implementando reti di sensori intelligenti per raccogliere dati sul consumo energetico degli edifici pubblici, dell'illuminazione stradale e dei trasporti pubblici. Questi dati vengono utilizzati per ottimizzare l'uso dell'energia a livello comunale, riducendo i costi e migliorando la sostenibilità ambientale.

5. Sicurezza dei Dati Energetici

Il monitoraggio dei consumi energetici attraverso l'IoT implica la raccolta

e la trasmissione di dati sensibili. Pertanto, la sicurezza dei dati energetici

è di fondamentale importanza. Esploreremo le sfide e le best practice per

proteggere questi dati da accessi non autorizzati e intrusioni.

6. Tendenze Future e Impatti Sociali

Infine, esamineremo le tendenze future nell'ambito del monitoraggio dei

consumi energetici basato su IoT. Discuteremo delle prospettive di crescita

e delle possibili implicazioni sociali ed economiche di questa tecnologia in

continua evoluzione.

Il monitoraggio dei consumi energetici basato su IoT rappresenta un passo

avanti significativo nella gestione dell'energia.

Le sue applicazioni sono ampie e promettono di contribuire in modo

significativo all'efficienza energetica, alla sostenibilità e alla riduzione dei

costi energetici. In questo capitolo, esploreremo i dettagli di come questa tecnologia sta cambiando il modo in cui gestiamo e consumiamo l'energia, portando benefici sia a livello individuale che collettivo.

Gestione Intelligente delle Reti Energetiche

La gestione intelligente delle reti energetiche è un altro aspetto chiave in cui l'Internet delle Cose (IoT) sta apportando significativi miglioramenti. Questa tecnologia sta consentendo la creazione di reti energetiche più efficienti, affidabili e flessibili, che sono fondamentali per garantire un approvvigionamento energetico affidabile e sostenibile in un mondo in rapido cambiamento.

Nel contesto della gestione delle reti energetiche, l'IoT svolge un ruolo cruciale nell'acquisizione e nell'analisi dei dati provenienti da varie fonti, inclusi contatori intelligenti, sensori di rete e dispositivi di generazione distribuita. Questi dati forniscono una visione dettagliata delle condizioni delle reti energetiche, consentendo una gestione più efficace delle risorse e una migliore capacità di risposta alle esigenze in evoluzione.

Un elemento fondamentale della gestione intelligente delle reti energetiche è la possibilità di monitorare e regolare il flusso di energia in tempo reale. Grazie all'IoT, le utility energetiche possono ottenere una visione istantanea delle condizioni della rete e prendere decisioni immediate per ottimizzare l'allocazione dell'energia. Ad esempio, durante i picchi di domanda, l'IoT può contribuire a ridistribuire l'energia da fonti disponibili, come l'energia solare o eolica, per garantire che le esigenze degli utenti siano soddisfatte in modo efficiente.

Inoltre, la gestione intelligente delle reti energetiche consente una maggiore resilienza delle reti elettriche. Grazie alla capacità di monitorare costantemente lo stato delle infrastrutture elettriche, è possibile identificare rapidamente i guasti e isolare le aree colpite, riducendo al minimo i tempi di inattività e migliorando la continuità del servizio.

L'IoT offre anche opportunità per ottimizzare la distribuzione dell'energia. Gli algoritmi di analisi dei dati possono prevedere i picchi di domanda e adattare dinamicamente la distribuzione dell'energia per evitare sovraccarichi nella rete. Ciò non solo migliora l'efficienza complessiva della rete, ma contribuisce anche a evitare interruzioni del servizio dovute a sovraccarichi.

Un altro vantaggio della gestione intelligente delle reti energetiche è la possibilità di integrare in modo più efficace le energie rinnovabili nella rete. Con l'aumento dell'adozione di fonti di energia come il solare e l'eolico, diventa fondamentale coordinare l'allocazione e l'integrazione di queste fonti variabili nella rete. L'IoT può monitorare le condizioni meteo e le previsioni di produzione energetica per ottimizzare l'uso delle energie rinnovabili, riducendo al minimo il ricorso alle fonti tradizionali basate su combustibili fossili.

La gestione intelligente delle reti energetiche è anche cruciale per promuovere l'efficienza energetica e la riduzione degli sprechi. I sensori distribuiti possono identificare perdite o inefficienze nella rete e segnalare tempestivamente agli operatori i problemi da risolvere. Questa capacità di rilevamento precoce consente di intervenire prontamente per evitare sprechi di energia e ridurre i costi operativi.

In sintesi, la gestione intelligente delle reti energetiche abilitata dall'Internet delle Cose sta trasformando il settore energetico, consentendo reti più efficienti, affidabili e sostenibili. Questa tecnologia offre una visione in tempo reale delle condizioni delle reti energetiche, ottimizza l'allocazione dell'energia, migliora la resilienza delle reti e facilita l'integrazione delle energie rinnovabili. Con il continuo sviluppo dell'IoT, il futuro delle reti energetiche appare sempre più intelligente ed efficiente.

Integrazione delle Energie Rinnovabili

L'integrazione delle energie rinnovabili è una componente cruciale della gestione intelligente delle reti energetiche, e l'Internet delle Cose (IoT) svolge un ruolo fondamentale in questo processo. Le energie rinnovabili, come l'energia solare e l'eolico, stanno diventando sempre più importanti nella produzione di energia elettrica, ma presentano sfide uniche legate alla loro variabilità e alla necessità di coordinare l'allocazione e l'uso efficiente di queste fonti.

Grazie all'IoT, è possibile affrontare queste sfide in modo più efficace e sfruttare al massimo il potenziale delle energie rinnovabili all'interno delle reti energetiche. Di seguito, esamineremo come l'IoT favorisce l'integrazione delle energie rinnovabili attraverso diverse applicazioni e soluzioni.

Monitoraggio delle Fonti Rinnovabili:

L'IoT consente il monitoraggio in tempo reale delle fonti di energia rinnovabile, come i pannelli solari e le turbine eoliche. I sensori integrati in questi impianti raccolgono dati sulle condizioni ambientali, la produzione energetica e lo stato dei dispositivi. Questi dati sono fondamentali per massimizzare l'efficienza delle fonti rinnovabili, prevedere picchi di produzione e ottimizzare la distribuzione dell'energia.

Previsione della Produzione Energetica:

I sistemi IoT utilizzano algoritmi avanzati per analizzare i dati provenienti dalle fonti rinnovabili e dalle previsioni meteo. Ciò consente di prevedere con precisione quanto energia verrà generata dalle fonti rinnovabili nelle prossime ore o giorni. Questa previsione è essenziale per pianificare l'allocazione dell'energia e garantire che l'energia prodotta venga utilizzata in modo efficiente.

Integrazione nella Rete Energetica:

L'IoT facilita l'integrazione delle fonti rinnovabili nella rete energetica esistente. Quando le fonti rinnovabili generano un surplus di energia, l'IoT può coordinare il flusso di questa energia verso la rete o verso sistemi di stoccaggio energetico, come batterie o accumuli termici. Questo assicura che l'energia prodotta non venga sprecata e sia disponibile quando necessario.

Gestione dell'Immissione in Rete:

Le reti energetiche devono gestire l'immissione intermittente di energia da fonti rinnovabili. L'IoT permette un controllo preciso sull'immissione di energia, regolando automaticamente la sua distribuzione sulla rete. Ciò aiuta a evitare sovraccarichi e instabilità nella rete e garantisce una fornitura energetica stabile.

Monitoraggio dell'Efficienza dei Sistemi Rinnovabili:

L'IoT non si limita a monitorare la produzione di energia, ma può anche analizzare l'efficienza dei sistemi rinnovabili. Ad esempio, può identificare guasti o malfunzionamenti nei pannelli solari o nelle turbine eoliche e segnalare tempestivamente la necessità di manutenzione.

Promozione dell'Autoconsumo Energetico:

L'IoT consente ai proprietari di abitazioni e aziende di massimizzare l'autoconsumo energetico. I dispositivi IoT possono gestire l'uso dell'energia in base alla disponibilità delle fonti rinnovabili, come avviare elettrodomestici quando c'è un surplus di energia solare disponibile.

Riduzione delle Emissioni di Carbonio:

L'integrazione delle energie rinnovabili favorita dall'IoT contribuisce a ridurre le emissioni di carbonio, poiché promuove l'uso di fonti di energia pulita e rinnovabile, riducendo al contempo la dipendenza dalle fonti fossili.

In conclusione, l'IoT sta rivoluzionando l'integrazione delle energie rinnovabili nelle reti energetiche, rendendo possibile un approvvigionamento energetico più sostenibile ed efficiente.

Questa tecnologia permette di monitorare e ottimizzare la produzione energetica, coordinare l'immissione nellarete e promuovere l'uso intelligente delle fonti rinnovabili. Con l'evoluzione dell'IoT, l'integrazione delle energie rinnovabili diventerà sempre più avanzata, contribuendo a creare un futuro energetico più verde e pulito.

Capitolo 9

IoT e la Salute: Come la Tecnologia Sta Rivoluzionando il Benessere Personale- Il Monitoraggio della Salute Personale con Dispositivi Indossabili: Una Rivoluzione nell'IoT- La Gestione delle Condizioni Mediche con Dispositivi Indossabili: Una Visione del Futuro- Promuovere uno Stile di Vita Salutare con l'Internet delle Cose (IoT)

"Custodisci la tua salute come il tesoro più prezioso, e lascia che l'IoT sia la tua guida nella strada verso un benessere duraturo."

IoT e la Salute: Come la Tecnologia Sta Rivoluzionando il Benessere Personale

Il Monitoraggio della Salute Personale con Dispositivi Indossabili: Una Rivoluzione nell'IoT

L'Internet delle Cose (IoT) ha rivoluzionato il modo in cui monitoriamo e gestiamo la nostra salute personale. Uno degli aspetti più evidenti e dirompenti di questa trasformazione è l'avvento dei dispositivi indossabili, come gli smartwatch, i fitness tracker e altri gadget indossabili che ci forniscono un accesso senza precedenti ai dati sulla nostra salute e sul nostro benessere. In questo capitolo, esploreremo in dettaglio il mondo del monitoraggio della salute personale con dispositivi indossabili, analizzando come questi strumenti stanno influenzando positivamente la vita delle persone.

L'Evolvere dei Dispositivi Indossabili

Per comprendere appieno l'entusiasmo attorno al monitoraggio della salute personale con dispositivi indossabili, è importante considerare il percorso che questi strumenti hanno compiuto negli ultimi anni. Gli smartwatch, ad esempio, sono passati da semplici orologi digitali a veri e propri dispositivi multifunzionali capaci di monitorare una vasta gamma di parametri vitali.

Inizialmente, gli smartwatch erano principalmente orientati alla notifica di messaggi e chiamate, ma col tempo hanno acquisito capacità sempre più avanzate. Oggi, questi dispositivi possono misurare la frequenza cardiaca in tempo reale, tenere traccia dell'attività fisica, monitorare il sonno e persino effettuare un elettrocardiogramma (ECG) con precisione clinicamente valida. I fitness tracker, d'altra parte, si sono concentrati principalmente sul monitoraggio dell'attività fisica e del sonno, offrendo un quadro dettagliato delle abitudini di vita degli utenti.

Ma cosa rende questi dispositivi così interessanti per il monitoraggio della salute personale? La risposta sta nella loro capacità di fornire dati in tempo reale e di mettere il controllo della propria salute direttamente nelle mani degli utenti. Con un semplice sguardo al polso, è possibile avere accesso a informazioni cruciali sulla propria condizione fisica e benessere emotivo.

Monitoraggio Costante della Frequenza Cardiaca

Uno dei principali vantaggi dei dispositivi indossabili è la loro capacità di monitorare costantemente la frequenza cardiaca. Questa funzionalità ha rivoluzionato il modo in cui percepiamo la nostra salute cardiaca. Prima dell'avvento degli smartwatch e dei fitness tracker, la misurazione della frequenza cardiaca richiedeva l'utilizzo di dispositivi specializzati e visite mediche periodiche. Oggi, basta indossare un dispositivo indossabile per tenere traccia della frequenza cardiaca in ogni momento della giornata.

Questo monitoraggio costante consente agli utenti di identificare precocemente eventuali anomalie nella frequenza cardiaca e di adottare misure preventive o consultare un medico quando necessario. Ad esempio, se il dispositivo rileva un picco improvviso nella frequenza cardiaca durante il sonno, potrebbe suggerire all'utente di effettuare un esame più approfondito. In molti casi, questi dispositivi hanno contribuito a

individuare problemi cardiaci in modo tempestivo, potenzialmente
salvando vite umane.

Attività Fisica e Benessere Generale

Oltre al monitoraggio cardiaco, gli smartwatch e i fitness tracker sono
strumenti preziosi per coloro che desiderano mantenere uno stile di vita
attivo e sano. Questi dispositivi sono in grado di registrare passi, distanza
percorsa, calorie bruciate e persino la qualità del sonno. Tenere traccia di
queste metriche può aiutare gli utenti a stabilire obiettivi di fitness e a
monitorare i progressi nel tempo.

L'effetto positivo del monitoraggio dell'attività fisica sulla salute generale
è ben documentato. L'Organizzazione Mondiale della Sanità (OMS)
raccomanda almeno 150 minuti di attività fisica moderata a settimana per
adulti di età compresa tra 18 e 64 anni. Grazie ai dispositivi indossabili, è
più semplice che mai monitorare il proprio livello di attività e assicurarsi
di raggiungere gli obiettivi consigliati. Alcuni dispositivi vanno oltre,

offrendo suggerimenti e allenamenti personalizzati per aiutare gli utenti a mantenere uno stile di vita attivo.

Il Sonno e il Benessere Mentale

La qualità del sonno è un altro aspetto fondamentale per il benessere complessivo. Il sonno influisce sulla nostra energia, sulla concentrazione e sulla salute mentale. I dispositivi indossabili possono rilevare i pattern del sonno, identificare i disturbi del sonno e persino fornire suggerimenti per migliorare la qualità del riposo notturno.

Inoltre, alcune app e dispositivi sono in grado di monitorare i livelli di stress e fornire tecniche di gestione dello stress, come la respirazione profonda e la meditazione. Questi strumenti possono essere preziosi per coloro che desiderano migliorare la propria salute mentale e gestire lo stress quotidiano.

Casi Pratici di Miglioramento della Salute

Per comprendere appieno l'impatto dei dispositivi indossabili sul monitoraggio della salute personale, è interessante esaminare casi pratici di individui che hanno apportato miglioramenti significativi grazie a questi strumenti.

Il Caso di Sarah: Sarah, una giovane professionista, ha iniziato a utilizzare un fitness tracker per tenere traccia della sua attività fisica quotidiana. Grazie ai dati raccolti dal dispositivo, ha notato di non raggiungere l'obiettivo di 10.000 passi al giorno. Ha quindi iniziato a inserire passeggiate più lunghe nella sua routine quotidiana, raggiungendo l'obiettivo in modo costante. Nel giro di pochi mesi, ha perso peso, si è sentita più energica e ha ridotto il rischio di problemi cardiaci.

Il Caso di Marco: Marco, un uomo di mezza età, ha scoperto attraverso il suo smartwatch che la sua frequenza cardiaca media era spesso elevata durante il sonno. Questo dato gli ha causato preoccupazione, e ha deciso di sottoporsi a un esame cardiaco completo. I medici hanno rilevato una condizione cardiaca che richiedeva intervento medico, e Marco è stato sottoposto con successo a un trattamento tempestivo.

Il Caso di Elena: Elena soffriva di stress cronico a causa del suo lavoro e dello stile di vita frenetico. Ha iniziato a utilizzare un'app di mindfulness con il suo smartwatch per le sessioni di meditazione quotidiane. Nel giro di qualche settimana, ha notato una riduzione significativa del suo livello di stress e una maggiore serenità nella vita di tutti i giorni.

Conclusioni

Il monitoraggio della salute personale con dispositivi indossabili rappresenta una delle più grandi innovazioni nell'ambito dell'IoT. Questi strumenti offrono agli utenti un maggiore controllo sulla propria salute e benessere, consentendo loro di prendere decisioni più informate e di adottare uno stile di vita più sano.

Con il continuo sviluppo della tecnologia, è probabile che vedremo ulteriori miglioramenti nei dispositivi indossabili, aprendo nuove opportunità per migliorare la salute e il benessere di milioni di persone in tutto il mondo.

La Gestione delle Condizioni Mediche con Dispositivi Indossabili: Una Visione del Futuro

L'uso dei dispositivi indossabili per la gestione delle condizioni mediche sta trasformando radicalmente il modo in cui le persone affrontano le sfide legate alla salute. Questi dispositivi, che variano dai classici smartwatch a dispositivi più specializzati, come gli apparecchi per il monitoraggio continuo della glicemia, stanno offrendo nuove opportunità per il monitoraggio e la gestione delle malattie croniche, migliorando la qualità della vita dei pazienti e riducendo i costi sanitari. In questo capitolo, esploreremo come l'Internet delle Cose (IoT) sta rivoluzionando la gestione delle condizioni mediche e quali benefici apporta.

La Rivoluzione nel Monitoraggio Continuo

Uno dei principali vantaggi dei dispositivi indossabili nella gestione delle condizioni mediche è la possibilità di monitorare continuamente i parametri vitali. Questo rappresenta un cambiamento significativo rispetto ai tradizionali metodi di monitoraggio periodico, come i controlli medici in ospedale o presso il medico di famiglia. Grazie ai dispositivi indossabili, i pazienti possono tenere sotto controllo costante la loro salute senza dover interrompere le loro attività quotidiane.

Un esempio notevole di questa rivoluzione è il monitoraggio continuo della glicemia per i pazienti diabetici. Dispositivi come il sensore di glicemia continuo (CGM) consentono ai pazienti di monitorare i loro livelli di zucchero nel sangue in tempo reale, evitando così le fastidiose punture per il prelievo del sangue. Questi dati possono essere trasmessi direttamente agli smartphone o ai dispositivi medici, consentendo ai pazienti e ai medici di prendere decisioni informate sulla gestione del diabete.

La Personalizzazione della Cura

Un altro aspetto cruciale nella gestione delle condizioni mediche è la personalizzazione della cura. Ogni paziente è un individuo unico, con esigenze e risposte diverse ai trattamenti medici. I dispositivi indossabili stanno aprendo la strada a soluzioni di cura più personalizzate, adattate alle esigenze specifiche di ciascun paziente.

Ad esempio, i pazienti affetti da malattie cardiache possono beneficiare di dispositivi indossabili in grado di monitorare costantemente l'attività cardiaca e di rilevare eventuali aritmie o anomalie. In caso di rilevamento di situazioni anomale, il dispositivo può inviare avvisi immediati sia al paziente che al medico, consentendo interventi tempestivi.

Inoltre, alcune applicazioni e dispositivi indossabili consentono ai pazienti di registrare informazioni sul loro stato di salute, come sintomi e effetti collaterali dei farmaci. Questi dati possono essere condivisi direttamente con i medici, facilitando la comunicazione e garantendo che i trattamenti siano adeguatamente adattati alle esigenze dei pazienti.

Il Ruolo dei Dati nell'Avanzamento della Medicina

Un aspetto rivoluzionario della gestione delle condizioni mediche attraverso dispositivi indossabili è l'enorme quantità di dati generati da questi strumenti. Questi dati non solo forniscono informazioni dettagliate sulla salute dei pazienti, ma rappresentano anche un tesoro di informazioni per la ricerca medica.

Gli studi clinici basati su dati provenienti dai dispositivi indossabili stanno contribuendo a una migliore comprensione delle malattie croniche e alla scoperta di nuove terapie. Ad esempio, la raccolta di dati costanti sulla pressione sanguigna da parte di migliaia di pazienti può consentire ai ricercatori di identificare correlazioni tra determinati fattori di rischio e l'insorgenza di malattie cardiovascolari.

Inoltre, l'apprendimento automatico e l'intelligenza artificiale stanno diventando sempre più importanti nell'analisi dei dati medici. Questi strumenti possono aiutare a identificare pattern e tendenze nei dati dei pazienti, migliorando la diagnosi precoce e la gestione delle malattie.

La Sicurezza dei Dati e la Privacy

Nonostante i molti vantaggi, l'uso di dispositivi indossabili nella gestione delle condizioni mediche solleva anche importanti questioni legate alla sicurezza dei dati e alla privacy. I dati sulla salute dei pazienti sono estremamente sensibili e devono essere adeguatamente protetti da accessi non autorizzati.

Le aziende che sviluppano dispositivi indossabili e applicazioni mediche devono investire nella sicurezza dei dati, utilizzando crittografia avanzata e protocolli di protezione. Inoltre, è fondamentale garantire che i pazienti abbiano il controllo sui propri dati e che abbiano il diritto di decidere come vengono utilizzati e condivisi.

Il monitoraggio e la gestione delle condizioni mediche con dispositivi indossabili rappresentano un capitolo entusiasmante nell'evoluzione della medicina.

Questi strumenti offrono una visione dettagliata della salute dei pazienti, consentendo una cura più personalizzata e una migliore comprensione delle malattie. Tuttavia, è importante affrontare le sfide legate alla sicurezza dei dati e alla privacy per garantire che questa rivoluzione benefichi davvero i pazienti e la ricerca medica. Con ulteriori sviluppi tecnologici e una maggiore attenzione alla sicurezza, il futuro della gestione delle condizioni mediche con dispositivi indossabili è promettente.

Promuovere uno Stile di Vita Salutare con l'Internet delle Cose (IoT)

Nel mondo moderno, uno stile di vita sano è diventato sempre più importante. Le sfide legate alla salute, come l'obesità, le malattie cardiache e il diabete, stanno aumentando a livello globale, spingendo le persone a cercare modi innovativi per mantenere il controllo della propria salute e del benessere generale.

L'Internet delle Cose (IoT) sta emergendo come una forza significativa nella promozione di uno stile di vita sano, fornendo soluzioni intelligenti per il monitoraggio della salute, l'attività fisica e la nutrizione. In questo capitolo, esploreremo come l'IoT sta contribuendo a promuovere uno stile di vita sano e quali opportunità offre per migliorare la salute individuale e collettiva.

Il Monitoraggio della Salute Personale

Uno dei principali vantaggi dell'IoT nella promozione della salute è il monitoraggio della salute personale.

Con l'ampia disponibilità di dispositivi indossabili, come smartwatch e braccialetti fitness, le persone possono tenere traccia dei loro parametri vitali in modo continuo e preciso. Questi dispositivi possono monitorare il battito cardiaco, la pressione sanguigna, i livelli di attività fisica e persino la qualità del sonno.

Per esempio, un braccialetto fitness può registrare l'attività fisica di una persona durante il giorno, misurare le calorie bruciate e suggerire obiettivi di allenamento. Questi dati possono essere sincronizzati con app mobili che forniscono feedback in tempo reale e permettono agli utenti di tenere traccia del proprio progresso nel tempo. Questo tipo di monitoraggio fornisce una maggiore consapevolezza della salute e dell'attività fisica, incoraggiando uno stile di vita più attivo.

La Nutrizione Intelligente

Un'altra area in cui l'IoT sta rivoluzionando la promozione di uno stile di vita sano è la nutrizione. Applicazioni e dispositivi IoT possono aiutare le persone a monitorare la loro dieta in modo più accurato, fornendo informazioni dettagliate sulla composizione nutrizionale degli alimenti. Ad esempio, una persona può utilizzare una app mobile per scansionare il codice a barre di un prodotto alimentare e ottenere informazioni istantanee sul contenuto calorico, sui grassi, sulle proteine e sulle fibre.

Inoltre, alcune cucine intelligenti sono dotate di bilance elettroniche che possono pesare gli ingredienti in tempo reale e suggerire ricette in base agli alimenti disponibili. Questo facilita la preparazione di pasti equilibrati e salutari, incoraggiando scelte alimentari consapevoli.

La Prevenzione delle Malattie

Uno dei vantaggi più significativi dell'IoT nella promozione della salute è la prevenzione delle malattie. Grazie al monitoraggio costante della salute e alla raccolta di dati personali, è possibile individuare precocemente segnali di allarme e intervenire prima che le malattie diventino gravi.

Ad esempio, un paziente con diabete può utilizzare un dispositivo IoT per monitorare costantemente i suoi livelli di zucchero nel sangue. Se i livelli iniziano a salire in modo anomalo, il dispositivo può avvisare il paziente e il medico, consentendo un adeguato aggiustamento del trattamento. Questo tipo di prevenzione può ridurre significativamente le complicazioni legate al diabete e migliorare la qualità di vita dei pazienti.

Privacy e Sicurezza dei Dati

Tuttavia, con la crescente quantità di dati personali raccolti attraverso dispositivi IoT, la privacy e la sicurezza dei dati sono diventate preoccupazioni importanti. È essenziale che i dati sulla salute dei pazienti siano adeguatamente protetti da accessi non autorizzati e che gli utenti abbiano il controllo sui propri dati.

Le aziende che sviluppano dispositivi e applicazioni IoT devono adottare rigorose misure di sicurezza, inclusa la crittografia avanzata e il rispetto delle leggi sulla privacy dei dati. Inoltre, è importante educare gli utenti sull'importanza della sicurezza dei dati e consentire loro di fare scelte informate sulle modalità di condivisione dei dati.

Conclusioni

L'Internet delle Cose sta giocando un ruolo sempre più importante nella promozione di uno stile di vita sano. Grazie al monitoraggio della salute personale, alla nutrizione intelligente, alla prevenzione delle malattie e al focus sulla privacy dei dati, l'IoT offre opportunità significative per migliorare la salute individuale e collettiva.

Tuttavia, è essenziale affrontare le sfide legate alla sicurezza dei dati per garantire che questa rivoluzione promuova effettivamente uno stile di vita più sano per tutti. Con la continua evoluzione della tecnologia IoT, il futuro della salute e del benessere sembra sempre più luminoso.

Capitolo 10

Sicurezza IoT nell'Industria: Proteggere l'Integrità delle Operazioni- Le Tecniche di Attacco più Comuni contro i Dispositivi IoT Industriali: Una Prospettiva Dettagliata- Le Misure di Sicurezza Specifiche per Proteggere i Dispositivi IoT Industriali

---

"Custodisci la catena digitale dell'industria come il più prezioso dei tesori, perché la sua sicurezza è la garanzia dell'efficienza e della continuità delle operazioni."

Sicurezza IoT nell'Industria: Proteggere l'Integrità delle Operazioni

Le Vulnerabilità Specifiche dei Dispositivi IoT Industriali: Un'Analisi Approfondita

Nell'era dell'Internet delle Cose (IoT), l'industria ha visto una trasformazione significativa nel modo in cui le operazioni vengono condotte. Dall'ottimizzazione dei processi di produzione al monitoraggio delle attrezzature, i dispositivi IoT industriali hanno reso possibile un livello di controllo e visibilità senza precedenti. Tuttavia, insieme a questi benefici, sono emerse anche sfide significative, principalmente in termini di sicurezza.

In questo capitolo, esamineremo attentamente le vulnerabilità specifiche che affliggono i dispositivi IoT industriali. Questi dispositivi, che comprendono sensori, attuatori, controller e altro ancora, sono essenziali per il funzionamento delle moderne infrastrutture industriali. Tuttavia, le loro caratteristiche uniche e la loro interconnessione con reti e sistemi più ampi li rendono obiettivi ideali per potenziali attacchi.

La Complessità delle Reti Industriali:

Una delle sfide principali nella sicurezza IoT industriale è la complessità delle reti coinvolte. Mentre i dispositivi IoT domestici spesso operano su reti relativamente semplici, le reti industriali possono essere enormi e intricate. Questa complessità può portare a molte opportunità per le vulnerabilità.

I dispositivi IoT industriali devono comunicare tra loro e con sistemi di controllo centralizzati per consentire un funzionamento coordinato. Tuttavia, questa interconnessione può esporli a rischi, in quanto un dispositivo compromesso può mettere a rischio l'intera rete. Inoltre, la presenza di sistemi legacy e dispositivi più anziani può aumentare ulteriormente il rischio, poiché spesso mancano delle misure di sicurezza moderne.

Problemi di Autenticazione e Accesso:

Un'altra area di vulnerabilità riguarda l'autenticazione e l'accesso. Molti dispositivi IoT industriali utilizzano password predefinite o credenziali deboli, il che li rende vulnerabili agli attacchi di forza bruta. Inoltre, la gestione delle credenziali e degli account utente può essere difficile su una vasta scala, portando a potenziali falle nella sicurezza.

Aggiornamenti e Patching:

Mentre gli aggiornamenti regolari del software sono essenziali per mitigare le vulnerabilità, l'applicazione di patch su dispositivi IoT industriali può essere problematica. Alcuni dispositivi potrebbero non essere in grado di ricevere aggiornamenti, mentre altri richiedono un processo complicato per essere patchati. Questo ritardo nell'applicazione delle patch può lasciare i dispositivi aperti a vulnerabilità conosciute per periodi estesi.

Comunicazioni Non Sicure:

I dispositivi IoT industriali devono spesso comunicare attraverso reti pubbliche o condivise. Questo li espone a rischi di intercettazione del traffico e di manipolazione dei dati. Inoltre, la mancanza di crittografia adeguata nelle comunicazioni può consentire a potenziali attaccanti di accedere ai dati sensibili scambiati tra i dispositivi.

Fattori Umani:

Infine, non dobbiamo dimenticare il fattore umano. Spesso, le vulnerabilità emergono a causa di errori umani, come l'uso di password deboli o la mancata attuazione delle procedure di sicurezza. La formazione del personale è un elemento chiave nella riduzione di queste vulnerabilità, ma può essere trascurata nelle aziende.

In questo capitolo, abbiamo solo grattato la superficie delle molte vulnerabilità che affliggono i dispositivi IoT industriali. Tuttavia, è fondamentale comprendere questi problemi per poter sviluppare strategie di sicurezza efficaci. Nel prosieguo del libro, esamineremo le tecniche di attacco più comuni contro questi dispositivi e le misure di sicurezza specifiche che possono essere adottate per proteggerli. La sicurezza IoT industriale è una sfida critica, ma con la giusta conoscenza e pianificazione, può essere affrontata con successo.

Le Tecniche di Attacco più Comuni contro i Dispositivi IoT Industriali: Una Prospettiva Dettagliata

Nel capitolo precedente, abbiamo esaminato le vulnerabilità specifiche che affliggono i dispositivi IoT industriali. Ora, affrontiamo la controparte delle vulnerabilità: le tecniche di attacco più comuni che potrebbero essere sfruttate da potenziali minacce. È fondamentale comprendere queste tecniche per essere in grado di prevenirle ed è essenziale per la sicurezza delle reti e dei sistemi industriali.

1. Attacchi di Forza Bruta:

Questo tipo di attacco coinvolge un aggressore che cerca di indovinare le credenziali di accesso ai dispositivi IoT industriali attraverso tentativi ripetuti e sistematici. Gli aggressori utilizzano spesso elenchi di password comuni e tool di forza bruta per effettuare questi attacchi. Se le credenziali sono deboli o predefinite, l'attacco potrebbe avere successo.

2. Iniezione di Comandi:

In molti casi, i dispositivi IoT industriali comunicano utilizzando protocolli di comunicazione standard. Gli aggressori possono sfruttare queste comunicazioni inserendo comandi malevoli o manipolati, che possono causare malfunzionamenti, danni o compromissione dei dati. È essenziale proteggere le comunicazioni e autenticare in modo adeguato le fonti.

3. Malware e Ransomware:

I dispositivi IoT industriali non sono immuni da malware e ransomware. Gli aggressori possono mirare a infiltrarsi nei dispositivi, bloccarli con ransomware o utilizzarli per eseguire azioni dannose all'interno delle reti industriali. La protezione contro malware e ransomware richiede una solida strategia di sicurezza, compresa l'implementazione di software di sicurezza aggiornato.

4. Man-in-the-Middle (MitM) Attacks:

Gli attacchi Man-in-the-Middle implicano che un aggressore intercetti le comunicazioni tra due dispositivi IoT industriali, manipolando o registrando il traffico. Questo può consentire agli aggressori di ottenere informazioni sensibili o di inserire dati dannosi nelle comunicazioni. L'uso di crittografia e la verifica delle identità sono fondamentali per prevenire questi attacchi.

5. Denial-of-Service (DoS) e Distributed Denial-of-Service (DDoS) Attacks:

Gli attacchi DoS e DDoS mirano a sovraccaricare i dispositivi IoT industriali o le reti con un volume eccessivo di richieste, rendendoli inutilizzabili. Questi attacchi possono causare interruzioni significative nelle operazioni industriali. La difesa contro questi attacchi richiede soluzioni di mitigazione e di gestione del traffico.

6. Attacchi Zero-Day:

Gli attacchi Zero-Day sfruttano vulnerabilità non ancora conosciute o patchate. Poiché i dispositivi IoT industriali possono essere difficili da aggiornare e patchare, sono particolarmente vulnerabili a tali attacchi. La sorveglianza costante e l'adozione di misure di sicurezza proattive sono fondamentali per mitigare questo tipo di minaccia.

La sicurezza dei dispositivi IoT industriali è fondamentale per proteggere le operazioni e prevenire danni fisici o finanziari. Comprendere le tecniche di attacco più comuni è il primo passo per sviluppare una strategia di sicurezza efficace.

Nel prossimo capitolo, esploreremo le misure di sicurezza specifiche che possono essere adottate per proteggere i dispositivi IoT industriali e le reti in cui operano. La difesa contro queste tecniche di attacco richiede una combinazione di preparazione, tecnologia e consapevolezza.

Le Misure di Sicurezza Specifiche per Proteggere i Dispositivi IoT Industriali

Nel nostro viaggio alla scoperta della sicurezza IoT nell'ambito industriale, abbiamo già esaminato le vulnerabilità specifiche e le tecniche di attacco più comuni contro i dispositivi IoT industriali. Ora è il momento di approfondire le misure di sicurezza specifiche che possono essere adottate per proteggere questi dispositivi e le reti industriali.

1. Isolamento di Rete:

Una delle misure fondamentali per proteggere i dispositivi IoT industriali è l'isolamento di rete. Questo significa separare fisicamente o logicamente i dispositivi IoT dalla rete principale dell'azienda. In questo modo, anche se un dispositivo viene compromesso, l'aggressore avrà limitate possibilità di accesso ad altre risorse critiche.

2. Accesso Basato su Ruolo:

Implementare un sistema di accesso basato su ruolo aiuta a garantire che solo le persone autorizzate possano accedere e controllare i dispositivi IoT industriali. Ogni utente o dispositivo viene assegnato a un ruolo specifico e ha accesso solo alle funzionalità e ai dati pertinenti per quel ruolo.

3. Autenticazione Multi-Fattore (MFA):

L'utilizzo dell'autenticazione multi-fattore è un'efficace misura di sicurezza per prevenire l'accesso non autorizzato. Richiedere più forme di verifica, come una password e un codice generato da un'applicazione mobile, rende molto più difficile per gli aggressori compromettere l'accesso.

4. Crittografia delle Comunicazioni:

La crittografia delle comunicazioni è essenziale per proteggere i dati che viaggiano tra i dispositivi IoT industriali e i server o altri dispositivi.

Utilizzando protocolli crittografici robusti, è possibile garantire che i dati non possano essere intercettati o manipolati durante il trasferimento.

5. Monitoraggio Costante:

Un sistema di monitoraggio costante è fondamentale per rilevare eventuali anomalie o attività sospette sui dispositivi IoT industriali. L'uso di strumenti di sicurezza avanzati può aiutare a individuare tempestivamente gli attacchi e adottare misure correttive.

6. Aggiornamenti e Patch Regolari:

Mantenere i dispositivi IoT industriali e i software associati aggiornati con le ultime patch di sicurezza è cruciale. Gli aggressori cercano spesso di sfruttare vulnerabilità note. L'implementazione tempestiva delle patch riduce il rischio di attacchi.

7. Test di Sicurezza e Penetrazione:

Condurre test di sicurezza e test di penetrazione regolari sui dispositivi IoT industriali può aiutare a identificare vulnerabilità prima che possano essere sfruttate dagli aggressori. Questi test simulano attacchi per valutare la robustezza del sistema.

8. Formazione del Personale:

Una parte essenziale della sicurezza IoT è l'istruzione del personale. Tutti gli utenti e gli operatori dei dispositivi IoT industriali dovrebbero essere formati sulla sicurezza e consapevoli delle minacce potenziali.

La protezione dei dispositivi IoT industriali richiede un approccio olistico alla sicurezza. Implementare queste misure specifiche può contribuire in modo significativo a ridurre il rischio di attacchi e a garantire la sicurezza delle operazioni industriali. Nel prossimo capitolo, esploreremo come pianificare e attuare una strategia completa di sicurezza IoT industriale. La sicurezza deve essere una priorità costante in un mondo sempre più connesso.

Le Misure di Sicurezza Specifiche per Proteggere i Dispositivi IoT Industriali

Nel nostro viaggio alla scoperta della sicurezza IoT nell'ambito industriale, abbiamo già esaminato le vulnerabilità specifiche e le tecniche di attacco più comuni contro i dispositivi IoT industriali. Ora è il momento di approfondire le misure di sicurezza specifiche che possono essere adottate per proteggere questi dispositivi e le reti industriali.

1. Isolamento di Rete:

Una delle misure fondamentali per proteggere i dispositivi IoT industriali è l'isolamento di rete. Questo significa separare fisicamente o logicamente i dispositivi IoT dalla rete principale dell'azienda. In questo modo, anche se un dispositivo viene compromesso, l'aggressore avrà limitate possibilità di accesso ad altre risorse critiche.

2. Accesso Basato su Ruolo:

Implementare un sistema di accesso basato su ruolo aiuta a garantire che solo le persone autorizzate possano accedere e controllare i dispositivi IoT industriali. Ogni utente o dispositivo viene assegnato a un ruolo specifico e ha accesso solo alle funzionalità e ai dati pertinenti per quel ruolo.

3. Autenticazione Multi-Fattore (MFA):

L'utilizzo dell'autenticazione multi-fattore è un'efficace misura di sicurezza per prevenire l'accesso non autorizzato. Richiedere più forme di verifica, come una password e un codice generato da un'applicazione mobile, rende molto più difficile per gli aggressori compromettere l'accesso.

4. Crittografia delle Comunicazioni:

La crittografia delle comunicazioni è essenziale per proteggere i dati che viaggiano tra i dispositivi IoT industriali e i server o altri dispositivi. Utilizzando protocolli crittografici robusti, è possibile garantire che i dati non possano essere intercettati o manipolati durante il trasferimento.

5. Monitoraggio Costante:

Un sistema di monitoraggio costante è fondamentale per rilevare eventuali anomalie o attività sospette sui dispositivi IoT industriali. L'uso di strumenti di sicurezza avanzati può aiutare a individuare tempestivamente gli attacchi e adottare misure correttive.

6. Aggiornamenti e Patch Regolari:

Mantenere i dispositivi IoT industriali e i software associati aggiornati con le ultime patch di sicurezza è cruciale. Gli aggressori cercano spesso di sfruttare vulnerabilità note. L'implementazione tempestiva delle patch riduce il rischio di attacchi.

7. Test di Sicurezza e Penetrazione:

Condurre test di sicurezza e test di penetrazione regolari sui dispositivi IoT industriali può aiutare a identificare vulnerabilità prima che possano essere sfruttate dagli aggressori. Questi test simulano attacchi per valutare la robustezza del sistema.

8. Formazione del Personale:

Una parte essenziale della sicurezza IoT è l'istruzione del personale. Tutti gli utenti e gli operatori dei dispositivi IoT industriali dovrebbero essere formati sulla sicurezza e consapevoli delle minacce potenziali.

La protezione dei dispositivi IoT industriali richiede un approccio olistico alla sicurezza. Implementare queste misure specifiche può contribuire in modo significativo a ridurre il rischio di attacchi e a garantire la sicurezza delle operazioni industriali.

Capitolo 11

Sicurezza IoT nel settore pubblico- Le vulnerabilità specifiche dei dispositivi IoT pubblici- Le tecniche di attacco più comuni contro i dispositivi IoT pubblici- Le misure di sicurezza specifiche per proteggere i dispositivi IoT pubblici

---

"Custodire la sicurezza nell'era dell'IoT pubblico è come proteggere la chiave di accesso al futuro delle nostre città. Con misure robuste e consapevolezza costante, possiamo garantire che questa chiave rimanga sempre nelle mani giuste, preservando la fiducia dei cittadini e il progresso delle comunità."

Sicurezza IoT nel settore pubblico

Le vulnerabilità specifiche dei dispositivi IoT pubblici

Le vulnerabilità specifiche dei dispositivi IoT nel settore pubblico

costituiscono un aspetto cruciale da considerare nel contesto della

sicurezza informatica.

L'adozione crescente di tecnologie IoT in ambito pubblico ha introdotto

nuove sfide e minacce alla sicurezza dei dati e delle infrastrutture, che

richiedono un'analisi approfondita e strategie di protezione mirate.

Uno dei principali fattori di vulnerabilità nei dispositivi IoT pubblici

risiede spesso nella diversità e nella eterogeneità delle soluzioni utilizzate.

Le organizzazioni pubbliche gestiscono una vasta gamma di dispositivi, tra

cui sensori, telecamere, dispositivi di monitoraggio ambientale e molto

altro. Questa diversità può rendere difficile l'implementazione di misure di

sicurezza omogenee e standardizzate, aprendo la porta a potenziali punti

deboli nella rete di dispositivi IoT.

Le vulnerabilità specifiche possono includere:

Mancanza di Aggiornamenti: Molte organizzazioni pubbliche gestiscono dispositivi IoT con sistemi operativi obsoleti o non supportati. Questo rende difficile l'applicazione di patch e aggiornamenti di sicurezza, lasciando i dispositivi esposti a vulnerabilità conosciute.

Password Deboli: L'uso di password deboli o predefinite su dispositivi IoT è un problema diffuso. Gli attaccanti possono sfruttare questa debolezza per accedere ai dispositivi o compromettere le credenziali dell'amministratore.

Mancanza di Crittografia: La trasmissione non crittografata dei dati tra i dispositivi IoT e i server può mettere a rischio la riservatezza delle informazioni. Senza una crittografia adeguata, gli attaccanti potrebbero intercettare e manipolare i dati in transito.

Progettazione Insicura: Alcuni dispositivi IoT pubblici sono progettati senza una chiara considerazione per la sicurezza. Questo può includere la mancanza di protezioni hardware o software, consentendo agli attaccanti di eseguire facilmente exploit.

Accesso Non Autorizzato: La gestione inadeguata degli accessi e delle autorizzazioni può portare a situazioni in cui utenti non autorizzati o malintenzionati possono accedere ai dispositivi IoT e alle relative funzionalità.

Manutenzione Inadeguata: La mancanza di un adeguato programma di manutenzione può portare a guasti hardware o software non rilevati, creando potenziali vulnerabilità nella rete IoT.

Interfacce Web Non Sicure: Se i dispositivi IoT includono interfacce web per la configurazione e la gestione, queste interfacce devono essere protette da vulnerabilità come le vulnerabilità di tipo injection o cross-site scripting (XSS).

Attacchi Fisici: I dispositivi IoT pubblici sono spesso fisicamente accessibili al pubblico. Gli attaccanti potrebbero tentare di manipolare direttamente i dispositivi o di installare dispositivi di registrazione illeciti.

Mancanza di Monitoraggio Continuo: La mancanza di un monitoraggio costante dei dispositivi IoT può ritardare la scoperta di violazioni di sicurezza o di comportamenti anomali.

Affrontare queste vulnerabilità specifiche richiede un approccio olistico alla sicurezza IoT nel settore pubblico. Le organizzazioni devono pianificare attentamente l'implementazione di dispositivi IoT, garantendo che siano conformi agli standard di sicurezza, aggiornati regolarmente e monitorati in modo continuo. Inoltre, la sensibilizzazione e la formazione del personale sono fondamentali per promuovere le migliori pratiche di sicurezza e prevenire potenziali minacce.

Le tecniche di attacco più comuni contro i dispositivi IoT pubblici

Le tecniche di attacco contro i dispositivi IoT pubblici sono varie e vengono costantemente sviluppate e adattate dagli attaccanti. È essenziale comprendere queste tecniche per proteggere in modo efficace l'infrastruttura IoT nel settore pubblico. Di seguito, esploreremo alcune delle tecniche di attacco più comuni:

Attacchi di Forza Bruta: Gli attaccanti cercano di accedere a un dispositivo IoT pubblico cercando di indovinare la password. Utilizzano programmi automatizzati che provano diverse combinazioni di password fino a trovare quella corretta. Questo tipo di attacco è particolarmente efficace quando vengono utilizzate password deboli o predefinite.

Scansione di Porte: Gli attaccanti eseguono una scansione delle porte aperte su dispositivi IoT per individuare servizi vulnerabili o porte non protette. Una volta individuate, possono tentare di sfruttare le vulnerabilità per ottenere l'accesso.

Attacchi di Iniezione di Comandi: Questa tecnica coinvolge l'inserimento di comandi malevoli o script nei campi di input dei dispositivi IoT, come campi di ricerca o form. Gli attaccanti cercano di sfruttare questi input per eseguire comandi non autorizzati o ottenere informazioni riservate.

Sniffing dei Dati: Gli attaccanti possono intercettare il traffico di dati tra un dispositivo IoT e il server a cui è connesso. Questo può permettere loro di catturare dati sensibili, come password o informazioni di accesso.

Attacchi di Denial of Service (DoS): Gli attaccanti possono sovraccaricare i dispositivi IoT pubblici con un volume eccessivo di richieste o traffico, rendendoli inutilizzabili per gli utenti legittimi. Questi attacchi possono avere gravi conseguenze, specialmente se i dispositivi IoT sono utilizzati per scopi critici.

Attacchi di Phishing: Gli attaccanti possono inviare messaggi di phishing che sembrano provenire da fonti legittime. Questi messaggi cercano di indurre gli utenti a rivelare informazioni personali o credenziali d'accesso.

Exploit di Vulnerabilità Conosciute: Gli attaccanti cercano di sfruttare le vulnerabilità precedentemente scoperte e non corrette nei dispositivi IoT pubblici. Queste vulnerabilità possono consentire loro di ottenere l'accesso ai dispositivi o compromettere la loro funzionalità.

Man-in-the-Middle (MitM): Gli attaccanti possono posizionarsi tra il dispositivo IoT e il server a cui è connesso per intercettare o manipolare il traffico. Ciò può consentire loro di ottenere accesso a dati sensibili o di eseguire attacchi.

Utilizzo di Credenziali Rubate: Se gli attaccanti riescono a ottenere credenziali d'accesso valide, ad esempio attraverso attacchi di phishing o altri mezzi, possono utilizzare queste credenziali per accedere ai dispositivi IoT pubblici.

Attacchi Fisici: Gli attaccanti possono fisicamente danneggiare o compromettere i dispositivi IoT pubblici. Questo può includere l'installazione di dispositivi di registrazione illeciti o la manipolazione diretta dei dispositivi.

Per proteggere i dispositivi IoT pubblici da queste tecniche di attacco, è essenziale implementare misure di sicurezza solide, come l'uso di password robuste, l'aggiornamento regolare del firmware, il monitoraggio del traffico di rete, la crittografia dei dati sensibili e la sensibilizzazione del personale. La collaborazione tra organizzazioni pubbliche, fornitori di dispositivi IoT e esperti di sicurezza è fondamentale per mitigare le minacce e garantire la sicurezza dell'Internet delle Cose nel settore pubblico.

Le misure di sicurezza specifiche per proteggere i dispositivi IoT pubblici

Proteggere i dispositivi IoT pubblici richiede l'implementazione di misure di sicurezza specifiche per affrontare le sfide uniche presentate da questi dispositivi nell'ambito pubblico. Di seguito, esploreremo alcune delle misure di sicurezza fondamentali per proteggere i dispositivi IoT nel settore pubblico:

Autenticazione Robusta: L'autenticazione è fondamentale per garantire che solo utenti autorizzati possano accedere ai dispositivi IoT. È essenziale utilizzare autenticazioni robuste, come l'autenticazione a due fattori (2FA) o l'autenticazione a più fattori (MFA), per aumentare la sicurezza dell'accesso.

Aggiornamenti Regolari del Firmware: Gli aggiornamenti del firmware sono cruciali per correggere le vulnerabilità conosciute e migliorare la sicurezza complessiva dei dispositivi IoT. Le organizzazioni pubbliche devono stabilire procedure per l'applicazione tempestiva di questi aggiornamenti.

Monitoraggio Costante: Il monitoraggio del traffico di rete e delle attività dei dispositivi IoT è fondamentale per rilevare comportamenti anomali o attacchi in corso. L'implementazione di sistemi di rilevamento delle intrusioni (IDS) può aiutare a identificare potenziali minacce.

Accesso Basato sui Ruoli: Limitare l'accesso ai dispositivi IoT in base ai ruoli e alle responsabilità dell'utente può contribuire a evitare utilizzi impropri o non autorizzati. Gli utenti dovrebbero avere accesso solo alle risorse necessarie per svolgere le proprie funzioni.

Crittografia dei Dati: La crittografia dei dati sensibili durante la trasmissione e l'archiviazione è essenziale per proteggerli da accessi non autorizzati. Le comunicazioni tra dispositivi IoT e server dovrebbero essere crittografate utilizzando protocolli sicuri.

Gestione delle Chiavi: Una gestione adeguata delle chiavi di crittografia è cruciale per garantire la sicurezza dei dati. Le chiavi dovrebbero essere protette e ruotate regolarmente per ridurre il rischio di compromissione.

Isolamento della Rete: Separare i dispositivi IoT pubblici dalla rete principale può aiutare a limitare il potenziale impatto di un attacco. L'isolamento può essere raggiunto tramite reti virtuali private (VPN) o reti fisiche separate.

Sensibilizzazione e Formazione del Personale: Il personale pubblico che utilizza dispositivi IoT deve essere adeguatamente formato sulla sicurezza informatica e consapevole delle minacce potenziali, ad esempio attraverso programmi di sensibilizzazione sulla sicurezza.

Controllo degli Accessi: Implementare un rigoroso controllo degli accessi per garantire che solo gli utenti autorizzati possano interagire con i dispositivi IoT. Questo può includere l'uso di elenchi di controllo degli accessi (ACL) e politiche di autorizzazione granulari.

Conformità Normativa: Le organizzazioni pubbliche devono rispettare le normative sulla sicurezza dei dati e la privacy dei cittadini. Garantire la conformità normativa è essenziale per evitare sanzioni e violazioni della privacy.

Collaborazione con Fornitori: Collaborare con fornitori di dispositivi IoT per garantire che i dispositivi siano conformi alle migliori pratiche di sicurezza e che vengano forniti aggiornamenti regolari del firmware.

Piani di Risposta agli Incidenti: Preparare piani di risposta agli incidenti dettagliati per affrontare situazioni di emergenza e violazioni della sicurezza. Questi piani dovrebbero definire le azioni da intraprendere in caso di attacco o compromissione.

Proteggere i dispositivi IoT pubblici richiede un approccio olistico alla sicurezza, combinando misure tecniche, formazione del personale e conformità normativa. Solo attraverso un impegno costante nella sicurezza è possibile mitigare le minacce e garantire che i dispositivi IoT contribuiscano positivamente all'efficienza e alla qualità dei servizi pubblici.

Capitolo 12

Nuove Frontiere nell'IoT: La Rivoluzione Matter

"Cambia la prospettiva, cambia il mondo. Matter 1.2 sta aprendo nuove porte per un futuro IoT più interconnesso e accessibile, dove i dispositivi di marche diverse possono finalmente dialogare senza confini."

Nuove Frontiere nell'IoT: La Rivoluzione Matter

Introduzione a Matter 1.2

Matter 1.2 rappresenta una delle innovazioni più significative nell'ambito dell'Internet delle Cose (IoT) nel 2023. Questo nuovo standard ha l'ambizioso obiettivo di rivoluzionare l'interoperabilità dei dispositivi IoT, aprendo nuove possibilità per i consumatori e gli sviluppatori.

Matter, precedentemente noto come Project CHIP (Connected Home over IP), è stato sviluppato da un consorzio di aziende leader nel settore tecnologico, tra cui Apple, Google, Amazon e altre. L'obiettivo di Matter è quello di creare un ambiente in cui i dispositivi IoT possano comunicare tra loro in modo armonioso, indipendentemente dal produttore o dalla piattaforma. Questo significa che i consumatori potranno utilizzare dispositivi IoT di marche diverse all'interno della stessa rete senza dover dipendere da diversi hub o app, semplificando notevolmente l'esperienza IoT.

Con Matter, la promessa è quella di un futuro in cui potremo avere un termostato di un produttore, luci di un altro e serrature di un terzo, tutti in grado di funzionare insieme senza intoppi. Questo rappresenta una svolta significativa poiché in passato, la mancanza di standardizzazione ha reso difficile l'interazione tra dispositivi di marche diverse.

Nel prossimo capitolo, esploreremo in dettaglio l'importanza di Matter nei diversi settori, tra cui la salute, la produzione e il trasporto, e come questo standard stia contribuendo a migliorare l'interazione tra dispositivi IoT in questi contesti. Ma prima, consideriamo i vantaggi principali che Matter porta con sé.

Come Matter influenzerà vari settori

Settore Sanitario: Matter avrà un'enorme importanza nel settore sanitario, poiché renderà possibile l'interoperabilità dei dispositivi medici IoT. Ad esempio, i dispositivi di monitoraggio della salute, come gli elettrocardiogrammi portatili o i misuratori di glicemia, potranno facilmente comunicare con le piattaforme di gestione dei dati dei pazienti.

Ciò consentirà ai medici di avere accesso in tempo reale ai dati dei pazienti, migliorando la diagnosi e il trattamento delle condizioni mediche.

Settore della Produzione: Nell'ambito della produzione, Matter può contribuire a ottimizzare le operazioni e la manutenzione. Le macchine industriali dotate di sensori Matter possono comunicare tra loro per identificare potenziali problemi di manutenzione in anticipo, riducendo i tempi di fermo e migliorando l'efficienza complessiva. Inoltre, Matter può agevolare il monitoraggio in tempo reale della catena di produzione, permettendo un controllo più preciso della qualità e della produzione.

Settore dei Trasporti: Nel settore dei trasporti, Matter può migliorare la sicurezza e l'efficienza dei veicoli connessi. Ad esempio, i veicoli autonomi possono utilizzare Matter per comunicare tra loro e con l'infrastruttura stradale, riducendo il rischio di incidenti stradali. Inoltre, Matter può agevolare il monitoraggio dei carichi e l'ottimizzazione delle rotte per il trasporto di merci, riducendo i costi e l'impatto ambientale.

Settore Domotico: Anche il settore domestico beneficerà dell'interoperabilità Matter. I dispositivi domestici intelligenti, come termostati, luci, telecamere di sicurezza e elettrodomestici, saranno in grado di comunicare tra loro senza la necessità di hub separati o app dedicate. Ciò semplificherà notevolmente l'esperienza dell'utente, consentendo ai consumatori di gestire facilmente la propria casa intelligente attraverso un'unica interfaccia.

Settore dell'Energia: Matter può anche avere un impatto nel settore dell'energia, contribuendo alla creazione di reti energetiche più intelligenti e efficienti. I contatori intelligenti e i dispositivi di monitoraggio dell'energia saranno in grado di comunicare direttamente con le utility e con i dispositivi di gestione dell'energia domestica, consentendo una gestione più precisa dei consumi e una maggiore efficienza energetica.

In breve, Matter rivoluzionerà la connettività dei dispositivi IoT in vari settori, portando miglioramenti significativi nell'interazione tra dispositivi e offrendo nuove opportunità per l'ottimizzazione delle operazioni, la sicurezza e l'efficienza.

Approfondimento sui vantaggi principali di Matter e come questi possano migliorare la vita quotidiana delle persone

Semplificazione della Configurazione: Matter semplifica notevolmente la configurazione dei dispositivi IoT. Grazie a questo standard, i dispositivi di diversi produttori possono essere facilmente integrati in una rete senza la necessità di utilizzare diverse app o hub separati. Questo significa che quando un consumatore acquista un nuovo dispositivo Matter, può aggiungerlo alla sua rete esistente con pochi passaggi semplici. Ciò rende l'esperienza dell'utente molto più fluida e accessibile.

Interoperabilità Migliorata: Uno dei vantaggi chiave di Matter è la sua capacità di migliorare l'interoperabilità tra dispositivi IoT. Questo significa che i dispositivi di diversi produttori possono comunicare tra loro in modo armonioso. Ad esempio, una smart TV di un produttore può facilmente connettersi a uno speaker smart di un altro produttore, garantendo che l'audio sia trasmesso senza problemi. Questa interoperabilità migliora notevolmente la versatilità dei dispositivi IoT.

Ampia Adozione: Poiché Matter è supportato da un consorzio di grandi aziende tecnologiche, tra cui Google, Apple e Amazon, è probabile che vedremo una rapida adozione di questo standard. Questo significa che ci saranno molte opzioni di dispositivi Matter disponibili sul mercato, offrendo ai consumatori una vasta gamma di scelte per soddisfare le loro esigenze specifiche.

Sicurezza Potenziata: Matter ha messo un'enfasi significativa sulla sicurezza. Questo standard incorpora funzionalità di sicurezza avanzate per proteggere i dati e la privacy degli utenti. Ciò è particolarmente importante quando si tratta di dispositivi IoT, poiché spesso raccolgono dati sensibili. Una maggiore sicurezza significa che gli utenti possono avere maggiore fiducia nell'utilizzo dei dispositivi connessi.

Miglioramento della Vita Quotidiana: L'implementazione di Matter in dispositivi IoT può migliorare notevolmente la vita quotidiana delle persone. Ad esempio, con la semplificazione della configurazione, le persone possono creare una casa intelligente personalizzata senza dover superare ostacoli tecnici. L'interoperabilità migliorata consente una maggiore flessibilità nell'uso di dispositivi di diversi produttori, offrendo esperienze più fluide e convenienti.

Ecosistema in Crescita: Con l'adozione di Matter, è probabile che vedremo un crescente ecosistema di sviluppatori e app che sfruttano la potenza di questo standard. Ciò significa che gli utenti possono aspettarsi di vedere nuove e innovative applicazioni e funzionalità che rendono i loro dispositivi IoT ancora più utili e divertenti.

In sintesi, Matter promette di semplificare l'uso dei dispositivi IoT, migliorare la loro interoperabilità e offrire una maggiore sicurezza. Questi vantaggi contribuiranno a migliorare la vita quotidiana delle persone, rendendo l'adozione dell'IoT più accessibile e conveniente.

Approfondimento sul miglioramento della vita quotidiana grazie all'implementazione di Matter nei dispositivi IoT

Miglioramento della Vita Quotidiana: L'adozione di Matter nei dispositivi IoT ha il potenziale per rivoluzionare la vita quotidiana delle persone in modi significativi e positivi. Ecco alcuni esempi di come Matter può contribuire a rendere la vita più semplice e conveniente:

Semplificazione della Configurazione: Uno dei maggiori ostacoli nell'adozione di dispositivi IoT è stata la complessità della configurazione. Tuttavia, con Matter, questa sfida viene superata. Le persone possono facilmente aggiungere nuovi dispositivi alla loro rete esistente senza dover diventare esperti tecnici. Questo significa che è più accessibile per tutti creare una casa intelligente personalizzata. Ad esempio, è possibile configurare in modo rapido e intuitivo un sistema di sicurezza domestica completo o un sistema di illuminazione intelligente.

Interoperabilità tra Dispositivi Diversi: L'interoperabilità migliorata di Matter consente alle persone di combinare dispositivi di diversi produttori senza problemi. Immagina di poter utilizzare un termostato di un produttore, luci intelligenti di un altro produttore e un assistente vocale di un terzo produttore, il tutto senza problemi di compatibilità. Questa flessibilità offre agli utenti la libertà di scegliere i dispositivi che meglio si adattano alle loro esigenze senza essere limitati da vincoli tecnici.

Automazione e Convenienza: Matter permette di creare scenari di automazione più sofisticati. Le persone possono programmare i loro dispositivi per eseguire azioni specifiche in risposta a determinati trigger o orari. Ad esempio, al risveglio, le luci possono gradualmente aumentare di intensità e il caffè può iniziare a prepararsi automaticamente. Queste automazioni rendono la vita più comoda e personalizzata.

Risparmio Energetico: Grazie alla maggiore interoperabilità e al controllo più preciso dei dispositivi domestici, è possibile ottimizzare l'uso di energia. Ad esempio, Matter può consentire al termostato di coordinarsi con le tende intelligenti per massimizzare l'efficienza energetica e ridurre i costi. Ciò non solo comporta risparmi economici ma contribuisce anche a una maggiore sostenibilità ambientale.

Accesso Remoto: Con Matter, è possibile controllare i dispositivi IoT da remoto tramite smartphone o tablet. Questo è particolarmente utile quando si è fuori casa e si desidera verificare la sicurezza della propria abitazione o regolare il comfort prima del ritorno.

In sintesi, Matter migliora notevolmente la vita quotidiana delle persone, semplificando la gestione dei dispositivi IoT, consentendo una maggiore flessibilità e offrendo automazioni intelligenti. Queste migliorie si traducono in un'esperienza abitativa più comoda, conveniente e personalizzata.

Capitolo 13

Privacy nell'IoT: Salvaguardare i Dati in un Mondo Connesso

"Nel mondo interconnesso dell'IoT, la privacy è il baluardo che protegge l'integrità dei nostri dati personali, la nostra reputazione e la fiducia nell'innovazione tecnologica. Con una gestione attenta e una consapevolezza costante, possiamo costruire un futuro IoT che sia al servizio delle persone, rispettando i loro diritti e le loro aspettative di privacy."

Privacy nell'IoT: Salvaguardare i Dati in un Mondo Connesso

Introduzione alla Privacy nell'IoT

L'Internet delle Cose (IoT) ha aperto un mondo di possibilità, collegando dispositivi e sistemi in modi precedentemente inimmaginabili. Tuttavia, con queste opportunità emergono anche notevoli sfide relative alla privacy. Questa sezione fornisce una panoramica della privacy nell'ambito dell'IoT, esplorando la sua importanza, le sfide associate, e il motivo per cui la privacy dovrebbe essere una considerazione centrale nello sviluppo e nell'implementazione delle soluzioni IoT.

Definizione di Privacy nel Contesto IoT

La privacy nell'IoT riguarda la protezione dei dati personali e sensibili che vengono raccolti, trasmessi, elaborati e archiviati dai dispositivi e dalle piattaforme IoT. Questi dati possono includere informazioni identificative come nomi e indirizzi, oltre a dati più sensibili come informazioni mediche o finanziarie. La privacy si estende anche alla consapevolezza e al controllo che gli individui hanno sui loro dati.

Perché la Privacy è Cruciale nell'IoT

Protezione dei Dati: I dispositivi IoT raccolgono una vasta gamma di dati, spesso in tempo reale. La protezione di questi dati è cruciale per prevenire abusi e violazioni della privacy.

Conformità Legale: Numerose giurisdizioni hanno leggi e regolamenti che richiedono la protezione della privacy dei dati. La conformità a queste normative è essenziale per evitare sanzioni legali e mantenere la fiducia degli stakeholder.

Reputazione e Fiducia: La privacy dei dati è fondamentale per costruire e mantenere la fiducia con i clienti e altri stakeholder. La perdita di dati o le violazioni della privacy possono danneggiare seriamente la reputazione di un'organizzazione.

Sfide Relative alla Privacy nell'IoT

Volume di Dati: L'enorme volume di dati generati dai dispositivi IoT può rendere difficile garantire la privacy.

Complessità Tecnologica: La varietà e la complessità delle tecnologie IoT possono complicare l'implementazione di misure efficaci per la protezione della privacy.

Consapevolezza degli Utenti: Molti utenti potrebbero non essere pienamente consapevoli delle implicazioni per la privacy associate all'uso dei dispositivi IoT, rendendo così cruciale l'educazione e la trasparenza.

In conclusione, la privacy è una componente essenziale della sicurezza nell'ambito dell'IoT. Attraverso una comprensione approfondita delle sfide e l'adozione di pratiche solide di gestione della privacy, è possibile sviluppare soluzioni IoT che rispettino sia le esigenze degli utenti che i requisiti legali e etici.

Perché la Privacy è Cruciale nell'IoT

La privacy rappresenta un pilastro fondamentale nel contesto dell'Internet delle Cose (IoT). Ecco alcune ragioni chiave che ne evidenziano l'importanza:

Protezione dei Dati: I dispositivi IoT sono noti per la loro capacità di raccogliere e trasmettere una vasta gamma di dati, spesso in tempo reale. Questi dati possono variare dalle informazioni personali di base a dati più sensibili come quelli medici o finanziari. La protezione di tali dati è imperativa per prevenire usi impropri, furti di identità o altre forme di abuso.

Conformità Legale: In molte giurisdizioni, esistono leggi e regolamenti specifici che mirano a garantire la privacy dei dati degli individui. Le organizzazioni e le entità che operano nell'ambito dell'IoT devono aderire a queste normative per evitare sanzioni legali, che possono includere multe sostanziali.

Fiducia e Reputazione: La fiducia è un elemento essenziale nel mondo digitale. Le organizzazioni che dimostrano un impegno serio nella protezione della privacy dei dati possono costruire una reputazione positiva, che a sua volta può tradursi in una maggiore fiducia da parte dei clienti e degli altri stakeholder.

Competitività di Mercato: In un mercato competitivo, la capacità di dimostrare una gestione efficace della privacy dei dati può fornire un vantaggio competitivo. I clienti possono preferire fornitori che garantiscano una migliore protezione della privacy.

Innovazione Responsabile: L'innovazione nell'ambito dell'IoT deve essere guidata da una considerazione etica, che include la privacy dei dati. Questo approccio responsabile può favorire lo sviluppo di nuove tecnologie che rispettano i diritti e le aspettative degli utenti.

Sfide Relative alla Privacy nell'IoT

L'ambito dell'IoT presenta diverse sfide uniche in termini di privacy. Ecco alcune delle principali:

Volume di Dati: L'enorme volume di dati generati e raccolti dai dispositivi IoT può rendere difficile gestire e proteggere efficacemente la privacy. Questa abbondanza di dati può anche complicare il compito di garantire la conformità alle leggi sulla privacy.

Complessità Tecnologica: La diversità e la complessità delle tecnologie impiegate nell'IoT possono rappresentare una sfida nell'implementazione di misure di privacy efficaci. La varietà di dispositivi, piattaforme e standard può rendere difficile l'adozione di protocolli di sicurezza uniformi.

Consapevolezza degli Utenti: La consapevolezza e la comprensione degli utenti riguardo le implicazioni per la privacy nell'uso dei dispositivi IoT possono essere limitate. Questa mancanza di consapevolezza può portare a comportamenti rischiosi e aumentare la vulnerabilità alla perdita di privacy.

Interoperabilità: L'interoperabilità tra diversi dispositivi e sistemi IoT può creare punti deboli in termini di privacy. La condivisione di dati tra diverse piattaforme può esporre gli utenti a rischi aggiuntivi se non gestita correttamente.

Manutenzione e Aggiornamenti: La manutenzione continua e gli aggiornamenti di sicurezza sono essenziali per garantire la privacy nell'IoT. Tuttavia, la mancanza di standardizzazione e la possibilità che i dispositivi diventino obsoleti possono rappresentare sfide significative in questo ambito.

Queste sfide sottolineano la necessità di un approccio ponderato e ben informato alla privacy nell'ambito dell'IoT, sottolineando l'importanza di strategie proattive per affrontare e mitigare i rischi associati alla privacy.

Leggi e Regolamentazioni sulla Privacy

Panoramica delle Leggi e Regolamentazioni Globali riguardanti la Privacy nell'IoT

L'avvento e l'espansione dell'Internet delle Cose (IoT) hanno sollevato numerose questioni legali e regolamentari, in particolare in relazione alla privacy e alla protezione dei dati. Di seguito è presentata una panoramica delle principali leggi e regolamentazioni globali che riguardano la privacy nell'ambito dell'IoT:

Regolamento Generale sulla Protezione dei Dati (GDPR) dell'Unione Europea:

Il GDPR è una pietra miliare nella regolamentazione della privacy dei dati, richiedendo che le organizzazioni garantiscano la protezione dei dati personali e il rispetto dei diritti degli interessati.

Il regolamento ha implicazioni significative per l'IoT, poiché i dispositivi IoT raccolgono e processano una vasta gamma di dati personali.

California Consumer Privacy Act (CCPA):

Il CCPA offre ai residenti della California diritti estesi in termini di accesso, cancellazione e opt-out della vendita dei loro dati personali.

Come il GDPR, il CCPA ha un impatto diretto sull'IoT, dato che le organizzazioni devono garantire la conformità quando gestiscono dati raccolti da dispositivi IoT.

Leggi Settoriali Specifiche:

Alcune giurisdizioni hanno leggi specifiche per settori particolari come la sanità o l'automotive, che possono avere requisiti di privacy aggiuntivi per i dispositivi IoT in quei settori.

Ad esempio, negli Stati Uniti, l'Health Insurance Portability and Accountability Act (HIPAA) regola la privacy dei dati sanitari, inclusi quelli raccolti da dispositivi IoT medici.

Normative Internazionali:

Oltre alle leggi nazionali, esistono anche alcune normative internazionalali che riguardano la privacy nell'IoT.

Organizzazioni come l'International Organization for Standardization (ISO) stanno sviluppando standard per la privacy e la sicurezza nell'IoT.

Iniziative di Autoregolamentazione:

Alcune industrie hanno iniziato a sviluppare framework di autoregolamentazione per la privacy nell'IoT.

Queste iniziative mirano a stabilire buone prassi e standard volontari per garantire la privacy dei dati nei dispositivi e nelle piattaforme IoT.

Le leggi e le regolamentazioni sulla privacy nell'IoT sono in continua evoluzione, riflettendo la rapida crescita e il cambiamento nel campo dell'IoT. Le organizzazioni devono rimanere aggiornate sulle leggi e regolamentazioni pertinenti, e assicurarsi che le loro pratiche di gestione dei dati siano conformi, per evitare sanzioni legali e mantenere la fiducia degli stakeholder.

GDPR e IoT: Implicazioni e Conformità

Il Regolamento Generale sulla Protezione dei Dati (GDPR) dell'Unione Europea rappresenta un punto di riferimento nella regolamentazione della privacy e della protezione dei dati.

L'IoT, con la sua natura pervasiva e la capacità di raccogliere vasti quantitativi di dati, presenta diverse sfide in termini di conformità al GDPR. Di seguito sono esplorate le principali implicazioni e le strategie di conformità per gli stakeholder dell'IoT.

Implicazioni del GDPR sull'IoT

Raccolta di Dati:

I dispositivi IoT raccolgono una vasta gamma di dati, alcuni dei quali possono essere altamente personali o sensibili. Il GDPR richiede che la raccolta di dati sia limitata al necessario per gli scopi per cui vengono trattati, richiedendo quindi una valutazione attenta della raccolta di dati nell'IoT.

Conservazione dei Dati:

Il GDPR impone restrizioni sulla conservazione dei dati, promuovendo la minimizzazione dei dati e la cancellazione dei dati una volta che non sono più necessari. Questo rappresenta una sfida per l'IoT dove la conservazione dei dati può essere tecnica o commercialmente motivata.

Diritti degli Interessati:

Il GDPR conferisce agli individui vari diritti, inclusi il diritto di accesso, rettifica e cancellazione. L'implementazione di questi diritti nell'ambito dell'IoT può essere tecnicamente complessa, data la natura decentralizzata e interconnessa dell'IoT.

Sicurezza dei Dati:

Il GDPR richiede che siano implementate misure tecniche e organizzative appropriate per garantire un livello di sicurezza adeguato al rischio. Questo implica che i dispositivi e le piattaforme IoT debbano essere progettati con robuste misure di sicurezza per proteggere la privacy dei dati.

Strategie di Conformità per l'IoT

Valutazioni d'Impatto sulla Protezione dei Dati (DPIA):

Conducendo DPIAs, le organizzazioni possono identificare e mitigare i rischi per la privacy associati ai loro prodotti e servizi IoT.

Privacy by Design e by Default:

Integrando la privacy sin dalla fase di progettazione e garantendo che le impostazioni predefinite siano pro-privacy, le organizzazioni possono indirizzare i requisiti del GDPR.

Gestione del Consenso:

Implementare meccanismi efficaci per ottenere e gestire il consenso degli utenti, in conformità con i requisiti del GDPR, è cruciale nell'IoT.

Formazione e Consapevolezza:

Formare il personale e educare gli stakeholder sull'importanza della privacy e sulla conformità al GDPR può contribuire a garantire che le pratiche di gestione dei dati siano conformi.

Monitoraggio Continuo e Revisione:

Un monitoraggio e una revisione continui delle pratiche di gestione dei dati possono aiutare a identificare eventuali aree di non conformità e a prendere misure correttive tempestive.

L'adeguamento al GDPR nell'ambito dell'IoT richiede un approccio multidimensionale che integri la conformità legale con la progettazione tecnica e le buone prassi operative. Attraverso la comprensione delle implicazioni del GDPR e l'adozione di strategie proattive di conformità, le organizzazioni possono navigare nel complesso panorama regolamentare e garantire che i loro servizi e prodotti IoT rispettino i più elevati standard di privacy e protezione dei dati.

Altre Leggi Nazionali e Internazionali sulla Privacy nell'IoT

Oltre al GDPR dell'Unione Europea, esistono numerose altre leggi e regolamentazioni a livello nazionale e internazionale che si rivolgono alla privacy e alla protezione dei dati nell'ambito dell'IoT. Di seguito è presentata una panoramica di alcune di queste leggi e del loro impatto sull'IoT:

Leggi Nazionali:

USA:

California Consumer Privacy Act (CCPA): Simile in alcuni aspetti al GDPR, il CCPA conferisce ai residenti della California diritti specifici riguardo ai loro dati personali gestiti da aziende.

Health Insurance Portability and Accountability Act (HIPAA): Fornisce linee guida sulla privacy e la sicurezza dei dati sanitari, che possono includere dati raccolti da dispositivi IoT medici.

Cina:

Cybersecurity Law: Questa legge include disposizioni sulla protezione dei dati personali e sulla sicurezza delle informazioni, con implicazioni per l'IoT, soprattutto in termini di trasferimento di dati e requisiti di localizzazione dei dati.

Brasile:

Lei Geral de Proteção de Dados (LGPD): Simile al GDPR, la LGPD regola il trattamento dei dati personali in Brasile, inclusi i dati raccolti e trattati attraverso dispositivi IoT.

Leggi Internazionali:

Convenzione 108 del Consiglio d'Europa:

Questa è una delle principali convenzioni internazionali che si occupa della protezione dei dati personali, e gli stati membri che la adottano possono avere legislazioni nazionali che riflettono i suoi principi anche nell'ambito dell'IoT.

Standard ISO/IEC 27001:

Sebbene non sia una legge, l'ISO/IEC 27001 fornisce un framework internazionalmente riconosciuto per la gestione della sicurezza delle informazioni, inclusa la privacy, che può essere applicato all'IoT.

Iniziative Regionali:

ASEAN (Associazione delle Nazioni del Sud-est Asiatico):

Alcuni paesi membri dell'ASEAN stanno sviluppando e armonizzando le leggi sulla protezione dei dati per affrontare le sfide poste dall'IoT e altre tecnologie emergenti.

Africa:

Diversi paesi africani stanno adottando leggi sulla protezione dei dati ispirate al GDPR, con implicazioni per la gestione dei dati nell'IoT.

La diversità e l'evoluzione continua delle leggi sulla privacy a livello globale rendono essenziale per le organizzazioni che operano nell'ambito dell'IoT rimanere aggiornate su queste normative, soprattutto se operano in più giurisdizioni. La conformità a queste leggi richiede un'attenta considerazione delle pratiche di raccolta, gestione e protezione dei dati, nonché una comprensione delle responsabilità legali in diversi contesti normativi.

Tecnologie per la Protezione della Privacy

Crittografia e Gestione delle Chiavi per la Privacy dei Dati

La crittografia è uno strumento fondamentale per garantire la privacy e la sicurezza dei dati nell'ambito dell'Internet delle Cose (IoT). Di seguito sono delineati gli aspetti principali della crittografia e della gestione delle chiavi nell'IoT:

Crittografia:

Definizione:

La crittografia è la pratica di codificare le informazioni in modo che solo le parti autorizzate possano accedervi. Questo è particolarmente rilevante nell'IoT, dove i dati sono spesso trasmessi tra dispositivi e piattaforme diverse.

Tipologie:

Crittografia Simmetrica: Utilizza la stessa chiave per criptare e decriptare i dati. È veloce e efficiente, ma la distribuzione sicura delle chiavi può essere una sfida.

Crittografia Asimmetrica: Utilizza una coppia di chiavi, una pubblica e una privata. È più sicura ma meno efficiente rispetto alla crittografia simmetrica.

Implementazione:

Nell'IoT, la crittografia può essere implementata a livello di dispositivo, di trasmissione o di piattaforma per proteggere i dati in riposo e in transito.

Gestione delle Chiavi:

Definizione:

La gestione delle chiavi riguarda la creazione, distribuzione, archiviazione, e revoca delle chiavi criptografiche. È un aspetto critico per mantenere l'efficacia della crittografia.

Principali Componenti:

Creazione delle Chiavi: Generazione di chiavi criptografiche forti e uniche.

Distribuzione delle Chiavi: Trasferimento sicuro delle chiavi tra le parti autorizzate.

Archiviazione delle Chiavi: Conservazione sicura delle chiavi per prevenire accessi non autorizzati.

Revoca delle Chiavi: Rimozione o disabilitazione delle chiavi quando non sono più necessarie o in caso di compromissione.

Sfide:

La gestione delle chiavi nell'IoT è complessa a causa della natura distribuita e scalabile dell'IoT, che può includere migliaia o milioni di dispositivi.

Soluzioni:

L'utilizzo di sistemi centralizzati di gestione delle chiavi o di tecnologie come la blockchain può aiutare a indirizzare le sfide della gestione delle chiavi nell'IoT.

La combinazione di tecniche criptografiche robuste e una gestione efficace delle chiavi è essenziale per garantire la privacy e la sicurezza dei dati nell'ambiente IoT. L'implementazione corretta di queste tecnologie può aiutare a proteggere i dati degli utenti e a garantire la conformità alle leggi e ai regolamenti sulla privacy.

Anonimizzazione e Pseudonimizzazione dei Dati

L'anonimizzazione e la pseudonimizzazione sono tecniche cruciali per la protezione della privacy, specialmente nell'ambiente dell'Internet delle Cose (IoT) che tende a generare grandi quantità di dati personali. Ecco una disamina delle due tecniche:

Anonimizzazione:

Definizione:

L'anonimizzazione è un processo che rimuove o modifica le informazioni in un set di dati in modo tale che gli individui non possano essere identificati direttamente o indirettamente.

Tecniche:

Esistono diverse tecniche di anonimizzazione, come la mascheratura dei dati, l'hashing, la perturbazione dei dati, e la generalizzazione.

Applicazioni nell'IoT:

L'anonimizzazione può essere utilizzata per proteggere la privacy degli utenti quando i dati raccolti dai dispositivi IoT vengono condivisi o analizzati.

Vantaggi:

Una volta anonimizzati, i dati possono essere utilizzati per analisi e ricerca senza restrizioni legate alla privacy.

Pseudonimizzazione:

Definizione:

La pseudonimizzazione è un processo che sostituisce gli identificatori diretti in un set di dati con pseudonimi, permettendo una possibile re-identificazione solo quando combinata con informazioni aggiuntive conservate separatamente.

Tecniche:

Le tecniche comuni includono l'uso di pseudonimi generati casualmente o hash crittografici.

Applicazioni nell'IoT:

La pseudonimizzazione può essere utilizzata per ridurre i rischi per la privacy associati alla raccolta e all'elaborazione dei dati IoT, pur mantenendo una certa utilità dei dati.

Vantaggi:

Fornisce un equilibrio tra protezione della privacy e utilità dei dati, permettendo l'analisi dei dati senza esporre informazioni identificative.

Entrambe le tecniche, se implementate correttamente, possono fornire una protezione significativa della privacy nell'ambito dell'IoT.

Tuttavia, è importante notare che l'efficacia di queste tecniche può essere influenzata da fattori come la qualità dell'implementazione e l'evoluzione delle tecniche di re-identificazione.

Pertanto, è fondamentale valutare e aggiornare regolarmente le strategie di anonimizzazione e pseudonimizzazione in risposta alle nuove sfide e sviluppi nel campo della privacy dei dati.

Controllo degli Accessi e Autorizzazioni per la Protezione della Privacy

Il controllo degli accessi e le autorizzazioni sono meccanismi fondamentali per garantire la protezione della privacy dei dati nell'ambiente dell'IoT. Questi meccanismi assicurano che solo gli utenti e i sistemi autorizzati possano accedere o modificare i dati. Di seguito vengono esplorate le componenti e le implementazioni del controllo degli accessi e delle autorizzazioni nell'IoT.

Controllo degli Accessi:

Definizione:

Il controllo degli accessi si riferisce al processo di garantire che solo gli utenti o i sistemi autorizzati possano accedere a risorse specifiche, come i dati o i servizi.

Tipologie:

Autenticazione: Verifica dell'identità degli utenti o dei sistemi.

Autorizzazione: Determinazione dei diritti o dei privilegi degli utenti o dei sistemi autenticati.

Implementazione nell'IoT:

Il controllo degli accessi può essere implementato a livello di dispositivo, di rete o di piattaforma. Ciò può includere l'uso di credenziali, token, certificati digitali e altri meccanismi di autenticazione e autorizzazione.

Autorizzazioni:

Definizione:

Le autorizzazioni definiscono quali operazioni possono essere eseguite su una determinata risorsa da utenti o sistemi specifici.

Principali Componenti:

Politiche di Autorizzazione: Definiscono le regole per determinare chi può accedere a quali risorse e in quali condizioni.

Enforcement delle Autorizzazioni: Implementazione effettiva delle politiche di autorizzazione.

Implementazione nell'IoT:

Le autorizzazioni nell'IoT possono essere gestite centralmente o distribuite, e possono essere basate su ruoli, attributi o altri criteri.

Sfide:

La gestione delle autorizzazioni nell'IoT può essere complessa a causa della grande quantità di dispositivi, utenti e interazioni possibili.

Importanza per la Protezione della Privacy:

Il controllo degli accessi e le autorizzazioni sono cruciali per proteggere la privacy dei dati nell'IoT, poiché aiutano a prevenire accessi non autorizzati e abusi dei dati.

Implementare meccanismi robusti di controllo degli accessi e autorizzazioni è un requisito chiave per la conformità con le leggi e le normative sulla privacy, come il GDPR.

La progettazione e l'implementazione efficace del controllo degli accessi e delle autorizzazioni nell'IoT richiedono una comprensione chiara dei rischi per la privacy, delle esigenze degli utenti e delle responsabilità legali.

Inoltre, un monitoraggio e una revisione continui sono essenziali per garantire che questi meccanismi rimangano efficaci nel tempo e in risposta all'evoluzione delle minacce e delle tecnologie.

Principi del Privacy by Design applicati all'IoT

Il concetto di Privacy by Design (PbD) enfatizza l'integrazione della privacy fin dalle fasi iniziali di progettazione di un sistema o di un servizio, piuttosto che come un add-on successivo. Ecco come questi principi possono essere applicati nell'ambiente dell'IoT:

1. Proattività Preventiva:

Anticipare e prevenire le questioni privacy prima che si verifichino, piuttosto che attendere e rispondere alle violazioni della privacy.

2. Privacy come Impostazione Predefinita:

Assicurarsi che la privacy sia un'impostazione predefinita in tutti i dispositivi e servizi IoT, garantendo che i dati personali siano automaticamente protetti senza richiedere un'azione da parte dell'individuo.

3. Privacy Incorporata nella Progettazione:

Integrare la privacy nelle tecnologie, nelle operazioni e nelle architetture fin dall'inizio della progettazione.

4. Funzionalità Completa - Privacy Positiva-Sum, non Zero-Sum:

Bilanciare la privacy con altre esigenze di sistema e garantire che tutte le funzioni operative rimangano intatte, senza sacrifici inutili.

5. Protezione del Ciclo di Vita dei Dati:

Garantire la protezione dei dati personali da "culla a tomba", durante tutto il ciclo di vita dei dati.

6. Visibilità e Trasparenza:

Mantenere la visibilità e la trasparenza nei processi e nelle pratiche per garantire che le parti interessate sappiano come vengono gestiti i dati e per garantire la responsabilità.

7. Rispetto per la Privacy dell'Utente:

Rispettare la privacy degli utenti, comprese le preferenze e le autorizzazioni degli utenti in merito all'utilizzo e alla divulgazione dei loro dati.

L'implementazione dei principi di Privacy by Design nell'IoT è vitale per costruire la fiducia degli utenti e conformarsi alle leggi e regolamentazioni sulla privacy.

Questo richiede una collaborazione tra sviluppatori, progettisti, ingegneri della privacy e altre parti interessate per assicurare che la privacy sia considerata in tutte le fasi della creazione e dell'implementazione delle soluzioni IoT.

Esempi di Implementazione del Privacy by Design nell'ambito dell'IoT

L'implementazione del Privacy by Design (PbD) nell'IoT è un approccio proattivo per incorporare la privacy nelle soluzioni tecnologiche. Ecco alcuni esempi di come il PbD può essere implementato nell'IoT:

1. Crittografia End-to-End:

Utilizzare la crittografia end-to-end per proteggere i dati trasmessi tra dispositivi IoT e piattaforme di gestione, garantendo che solo le parti autorizzate possano accedere ai dati.

2. Consent Management:

Creare meccanismi per il consenso degli utenti che permettano di esprimere e modificare le preferenze sulla raccolta e l'utilizzo dei dati in modo chiaro e semplice.

3. Data Minimization:

Progettare i dispositivi e le applicazioni IoT per raccogliere solo i dati strettamente necessari per il funzionamento, limitando così la quantità di dati personali raccolti e conservati.

4. Architetture Distribuite:

Utilizzare architetture distribuite che permettono di elaborare i dati localmente sui dispositivi IoT, riducendo la necessità di trasmettere dati sensibili attraverso la rete.

5. Transparenza e Notifica:

Fornire agli utenti informazioni chiare e accessibili sulle pratiche di gestione dei dati e notifiche tempestive in caso di eventi di sicurezza che potrebbero impattare la loro privacy.

6. Controlli di Accesso Robusti:

Implementare controlli di accesso robusti per garantire che solo gli utenti autorizzati possano accedere o modificare i dati raccolti dai dispositivi IoT.

7. Revisione e Monitoraggio Continuo:

Implementare meccanismi di revisione e monitoraggio per assicurare che le pratiche di privacy siano mantenute nel tempo e per identificare e correggere rapidamente eventuali problemi.

8. Formazione e Sensibilizzazione:

Fornire formazione e sensibilizzazione sulla privacy al personale coinvolto nello sviluppo, nell'implementazione e nella gestione delle soluzioni IoT.

Ogni implementazione del PbD richiede un approccio olistico che tenga conto delle esigenze specifiche dell'organizzazione, delle esigenze degli utenti, e dei requisiti legali e normativi. L'obiettivo è di creare un ambiente in cui la privacy è valorizzata e protetta attraverso l'adozione di buone pratiche, tecnologie avanzate e una cultura della privacy.

Benefici del Privacy by Design nell'ecosistema IoT

L'adozione del principio di Privacy by Design (PbD) nell'ecosistema IoT può portare numerosi benefici sia per le organizzazioni che per gli utenti. Ecco una disamina dei principali vantaggi:

1. Miglioramento della Privacy dell'Utente:

Con il PbD, la privacy degli utenti è integrata nel design dei dispositivi e dei servizi IoT, offrendo una protezione migliore dei dati personali.

2. Conformità Normativa:

Adottare un approccio PbD aiuta le organizzazioni a conformarsi alle leggi e alle regolamentazioni sulla privacy, riducendo i rischi legali e le potenziali sanzioni.

3. Riduzione dei Rischi di Sicurezza:

L'integrazione della privacy fin dalla fase di progettazione può aiutare a identificare e mitigare i rischi di sicurezza in anticipo, riducendo la probabilità di violazioni dei dati.

4. Costruzione della Fiducia:

Fornire soluzioni IoT rispettose della privacy può aiutare a costruire e mantenere la fiducia degli utenti, che è cruciale per l'adozione e il successo delle tecnologie IoT.

5. Competitività di Mercato:

Le organizzazioni che adottano il PbD possono distinguersi nel mercato come custodi responsabili dei dati degli utenti, ottenendo un vantaggio competitivo.

6. Riduzione dei Costi a Lungo Termine:

Prevenire problemi di privacy e sicurezza attraverso il PbD può ridurre i costi associati alla gestione delle violazioni dei dati e alla risoluzione dei problemi legali.

7. Innovazione Responsabile:

Il PbD incoraggia l'innovazione responsabile, garantendo che le nuove tecnologie e i servizi IoT siano progettati con la privacy in mente.

8. Sostenibilità del Progetto:

Con un approccio al PbD, le organizzazioni possono creare soluzioni IoT sostenibili che rispettano la privacy e che possono adattarsi alle esigenze in evoluzione degli utenti e ai cambiamenti nel panorama normativo.

L'approccio Privacy by Design rappresenta una strategia solida per le organizzazioni che cercano di navigare nella complessa intersezione tra tecnologia, privacy e conformità normativa nell'ecosistema IoT.

Attraverso l'implementazione attenta dei principi di PbD, le organizzazioni possono non solo migliorare la protezione della privacy, ma anche posizionarsi favorevolmente nel mercato, promuovere l'innovazione responsabile e realizzare una maggiore sostenibilità dei progetti IoT.

Etiche della Privacy nell'IoT

Considerazioni Etiche legate alla Raccolta e all'Uso dei Dati nell'IoT

L'Internet delle Cose (IoT) rappresenta una potente infrastruttura per la raccolta e l'analisi dei dati. Tuttavia, la raccolta e l'uso dei dati nell'IoT sollevano una serie di questioni etiche che meritano un'attenta considerazione. Ecco alcune delle principali considerazioni etiche:

1. Raccolta di Dati:

Quantità di Dati:

L'IoT permette la raccolta di enormi quantità di dati, spesso in tempo reale. La vastità e la dettagliatezza dei dati raccolti possono rappresentare una potenziale intrusione nella privacy individuale.

Tipo di Dati:

Molti dispositivi IoT raccolgono dati personali e sensibili, come informazioni sulla salute, abitudini di consumo, e dati di localizzazione. La raccolta di tali dati solleva preoccupazioni etiche significative.

Consapevolezza dell'Utente:

Gli utenti sono spesso inconsapevoli del tipo e della quantità di dati raccolti dai dispositivi IoT che utilizzano, il che può portare a una mancanza di consenso informato.

2. Uso dei Dati:

Finalità:

Gli utenti dovrebbero essere informati e dare il consenso sull'uso specifico dei loro dati. L'uso dei dati per scopi non dichiarati o non correlati può essere eticamente problematico.

Monetizzazione:

La monetizzazione dei dati raccolti, soprattutto senza il consenso esplicito degli utenti, solleva questioni etiche legate alla proprietà e al valore dei dati personali.

Discriminazione e Bias:

L'analisi dei dati IoT può rivelare o anche rinforzare bias e discriminazioni esistenti, ad esempio, attraverso l'uso di algoritmi discriminanti.

3. Conservazione e Condivisione dei Dati:

Durata della Conservazione:

La durata per cui i dati vengono conservati e chi può accedervi sono questioni etiche importanti, soprattutto quando si tratta di dati sensibili.

Condivisione con Terze Parti:

La condivisione di dati con terze parti senza il consenso dell'utente o senza chiare politiche di privacy può essere eticamente discutibile.

Queste considerazioni etiche evidenziano la necessità di un approccio responsabile e centrato sull'utente alla raccolta e all'uso dei dati nell'IoT.

È essenziale che le organizzazioni considerino attentamente l'impatto etico delle loro pratiche di gestione dei dati e lavorino per costruire la fiducia e ottenere il consenso informato degli utenti.

Consentimento Informato e Trasparenza nell'IoT

Il consentimento informato e la trasparenza sono fondamentali per eticamente gestire la raccolta e l'uso dei dati nell'IoT. Questi concetti sono dettagliati di seguito:

1. Consentimento Informato:

Definizione:

Il consentimento informato implica che gli utenti sono adeguatamente informati e hanno la possibilità di acconsentire alla raccolta e all'uso dei loro dati.

Importanza:

Fornisce agli utenti un controllo sui propri dati, promuovendo la fiducia e la conformità con le leggi sulla privacy.

Sfide nell'IoT:

Ottenere un consenso informato può essere complicato nell'IoT, dato l'ampio spettro di dispositivi e la natura pervasiva della tecnologia.

Strategie di Implementazione:

Fornire opzioni chiare e accessibili per il consenso, con informazioni facilmente comprensibili su come i dati saranno utilizzati e condivisi.

2. Trasparenza:

Definizione:

La trasparenza implica che gli utenti sono in grado di vedere e comprendere come i loro dati vengono raccolti, utilizzati e condivisi.

Importanza:

Promuove la responsabilità delle organizzazioni e permette agli utenti di fare scelte informate.

Sfide nell'IoT:

La trasparenza può essere difficile da realizzare a causa della complessità tecnica e della mancanza di standardizzazione nell'IoT.

Strategie di Implementazione:

Fornire documentazione chiara e accessibile, notifiche sull'uso dei dati, e accesso ai dati raccolti per gli utenti.

3. Integrazione di Consentimento Informato e Trasparenza:

Pratiche Best-Effort:

Strive for "best-effort" practices in providing clear, user-friendly consent and transparency mechanisms.

Educazione dell'Utente:

Educare gli utenti sulle implicazioni della raccolta di dati e sulle opzioni disponibili per gestire la privacy.

Revisione e Aggiornamento Continuo:

Le pratiche di consenso informato e trasparenza dovrebbero essere regolarmente riviste e aggiornate per riflettere i cambiamenti nella tecnologia e nelle leggi sulla privacy.

Il consentimento informato e la trasparenza nell'IoT sono cruciali per creare un ambiente di fiducia e rispetto per la privacy degli utenti.

Attraverso la combinazione di comunicazione chiara, opzioni di consenso ben progettate, e una cultura di trasparenza, le organizzazioni possono navigare le sfide etiche associate alla gestione dei dati nell'ecosistema IoT.

Implicazioni Etiche della Condivisione dei Dati tra Dispositivi e Piattaforme IoT

La condivisione dei dati tra dispositivi e piattaforme in un ecosistema IoT amplia le potenzialità di funzionalità e di analisi, ma introduce anche una serie di implicazioni etiche. Ecco alcune delle principali implicazioni etiche e considerazioni correlate:

1. Consentimento dell'Utente:

Informazione e Accettazione:

È cruciale ottenere il consenso informato degli utenti prima di condividere i loro dati tra dispositivi e piattaforme. Gli utenti devono essere informati su quali dati vengono condivisi, con chi, e per quali scopi.

Revoca del Consenso:

Gli utenti dovrebbero avere la possibilità di revocare il consenso alla condivisione dei dati in qualsiasi momento.

2. Protezione dei Dati:

Crittografia:

La crittografia dovrebbe essere utilizzata per proteggere i dati durante la trasmissione tra dispositivi e piattaforme per prevenire intercettazioni e manipolazioni.

Controllo degli Accessi:

Implementare robusti meccanismi di controllo degli accessi per garantire che solo entità autorizzate possano accedere o modificare i dati condivisi.

3. Trasparenza e Responsabilità:

Registro delle Transazioni:

Mantenere un registro dettagliato delle transazioni di dati tra dispositivi e piattaforme per garantire la trasparenza e la responsabilità.

Notifica di Violazione:

In caso di violazione dei dati, gli utenti dovrebbero essere informati tempestivamente e fornite informazioni su come proteggere la loro privacy.

4. Interoperabilità e Standard:

Standard Aperti:

Utilizzare standard aperti e interoperabili può aiutare a garantire che la condivisione dei dati sia etica e conforme alle best practices del settore.

Compatibilità Privacy:

Assicurarsi che tutte le piattaforme e i dispositivi coinvolti nella condivisione dei dati aderiscano a politiche di privacy compatibili e robuste.

5. Monetizzazione e Proprietà dei Dati:

Chiarezza sulla Proprietà:

Deve esserci chiarezza sulla proprietà dei dati e sulla monetizzazione, assicurando che gli utenti siano consapevoli e acconsentano a qualsiasi uso commerciale dei loro dati.

Condivisione Equa dei Benefici:

Se i dati condivisi vengono utilizzati per generare profitto, gli utenti dovrebbero avere una parte equa dei benefici derivanti dall'uso dei loro dati.

Le implicazioni etiche della condivisione dei dati nell'IoT sono profonde e richiedono una considerazione attenta da parte delle organizzazioni.

Adottare un approccio etico, trasparente e centrato sull'utente può aiutare a navigare queste sfide e a promuovere un ecosistema IoT che rispetti e valorizzi la privacy e l'autonomia degli utenti.

Appendice A: Esempi di Progetti IoT Sicuri

In questa appendice, esploreremo una serie di esempi pratici di progetti IoT sicuri. Questi progetti dimostrano come è possibile applicare i principi di sicurezza IoT discussi nel libro nella progettazione e nell'implementazione di soluzioni reali. Gli esempi coprono una varietà di settori e casi d'uso per ispirare i lettori a integrare le migliori pratiche di sicurezza nei propri progetti IoT.

Sistema di Monitoraggio Ambientale Domestico Sicuro

Descrizione: Questo progetto riguarda la creazione di un sistema di monitoraggio ambientale domestico basato su sensori IoT. I sensori raccolgono dati sulla qualità dell'aria, la temperatura e l'umidità all'interno dell'abitazione e li trasmettono in modo sicuro a un'app mobile.

Misure di Sicurezza Implementate: Crittografia end-to-end per la trasmissione dei dati, autenticazione a due fattori per l'accesso all'app e agli aggiornamenti del firmware sicuri per i sensori.

Veicolo Connesso con Monitoraggio della Guida Sicura

Descrizione: Questo progetto riguarda un veicolo connesso dotato di sensori IoT per il monitoraggio della guida sicura. I sensori rilevano il comportamento del conducente e le condizioni stradali, trasmettendo i dati a un sistema di analisi centrale.

Misure di Sicurezza Implementate: Protezione dei dati di telemetria attraverso crittografia, autenticazione del conducente tramite riconoscimento vocale o impronte digitali, aggiornamenti remoti e sicuri del software di controllo del veicolo.

Sistema di Monitoraggio Sanitario a Distanza

Descrizione: Questo progetto si concentra su un sistema di monitoraggio sanitario a distanza basato su dispositivi indossabili IoT. I pazienti indossano sensori per monitorare i loro segni vitali, che vengono trasmessi in modo sicuro ai professionisti sanitari per un monitoraggio continuo.

Misure di Sicurezza Implementate: Crittografia dei dati sanitari dei pazienti, autenticazione sicura per l'accesso ai dati e alle applicazioni, protezione contro l'accesso non autorizzato ai dispositivi indossabili.

Agricoltura Intelligente con Sensori IoT

Descrizione: Questo progetto riguarda l'uso di sensori IoT nell'agricoltura per il monitoraggio del suolo, delle condizioni meteorologiche e dell'irrigazione. I dati raccolti sono utilizzati per ottimizzare la gestione delle coltivazioni.

Misure di Sicurezza Implementate: Sicurezza dei dati agricoli, autenticazione per l'accesso all'applicazione di controllo agricolo, prevenzione degli attacchi di manipolazione dei dati da parte di terze parti.

Edificio Intelligente con Controllo IoT

Descrizione: Questo progetto si concentra su un edificio intelligente con il controllo centralizzato attraverso dispositivi IoT. I dispositivi includono sistemi di sicurezza, gestione dell'energia e controllo delle luci.

Misure di Sicurezza Implementate: Protezione dei dati sugli occupanti dell'edificio, autenticazione sicura per l'accesso ai sistemi di controllo, rilevamento e risposta agli eventi di sicurezza.

Ogni esempio di progetto presenta sfide specifiche di sicurezza e dimostra l'importanza dell'implementazione di misure di sicurezza adeguate. I lettori sono incoraggiati a esaminare questi casi d'uso come fonte di ispirazione e

come guida per integrare la sicurezza nei propri progetti IoT.

Appendice B: Libri sulla sicurezza dell'IoT e sulla tecnologia

"Sicurezza Informatica: Principi e Pratiche" di Mark Stamp

Questo libro fornisce una panoramica completa della sicurezza informatica, inclusi concetti fondamentali che sono applicabili anche all'IoT. È un testo ampiamente utilizzato nell'ambito della sicurezza informatica.

"Internet delle Cose: Tecnologie e Applicazioni" di Antonio Capone, Marco Conti, e Edmundo Monteiro

Questo libro affronta l'IoT in generale, comprese le sfide legate alla sicurezza. È utile per coloro che vogliono una comprensione approfondita della tecnologia IoT, insieme alla sicurezza associata.

"IoT: Internet delle Cose" di Stefano C. Romano e Davide Merlanti

Questo testo è una guida pratica all'IoT che copre anche argomenti di sicurezza. Offre una prospettiva italiana sull'argomento.

"Sicurezza Informatica e Hacking Etico" di Antonio Parziale e Francesco Buono

Questo libro si concentra sulla sicurezza informatica e include informazioni rilevanti per l'IoT e il mondo della sicurezza dei dati.

"Internet of Things: Fondamenti e Applicazioni" di Pietro Manzoni e Alessio Montone

Questo libro è un'introduzione all'IoT e comprende discussioni sulla sicurezza dei dispositivi connessi.

"Sicurezza su Internet: Cifratura, Autenticazione, e Privacy" di Massimiliano Sala e Matteo Lucchi

Se sei interessato agli aspetti tecnici della sicurezza, questo libro affronta temi come la crittografia e l'autenticazione, che sono fondamentali anche per la sicurezza dell'IoT.

"IoT: Internet delle Cose e Sicurezza Informatica" di Giovanni Landi e Nicola D'Antonio

Questo testo si concentra specificamente sulla sicurezza dell'IoT, esplorando le minacce e le contromisure.

"Sicurezza Informatica e Hacking: Guida Completa" di Enrico Risa e Riccardo Jack Lucchetti

Se stai cercando una guida completa alla sicurezza informatica, questo libro copre una vasta gamma di argomenti, tra cui quelli relativi all'IoT.

Appendice C: Lista di strumenti e risorse online utili per approfondire la sicurezza nell'IoT in Italia

Strumenti

Shodan (https://www.shodan.io/): Uno strumento di scansione di ricerca che può essere utilizzato per identificare dispositivi IoT connessi a Internet e valutarne la sicurezza.

Nmap (https://nmap.org/): Un popolare strumento di scansione di rete che può aiutare a identificare dispositivi IoT nella tua rete locale e valutarne la sicurezza.

Wireshark (https://www.wireshark.org/): Un analizzatore di protocollo di rete open-source che può essere utilizzato per monitorare il traffico di rete e identificare potenziali vulnerabilità nei dispositivi IoT.

Metasploit (https://www.metasploitunleashed.com/): Una piattaforma di test di penetrazione che può essere utilizzata per valutare la sicurezza dei dispositivi IoT e delle reti.

Risorse Online

CERT-PA (https://www.cert-pa.it/): Il Computer Emergency Response Team per la pubblica amministrazione italiana offre risorse e avvisi sulla sicurezza informatica, inclusi quelli relativi all'IoT.

AgID - Agenzia per l'Italia Digitale (https://www.agid.gov.it/): L'Agenzia per l'Italia Digitale fornisce linee guida e documenti sulla sicurezza delle informazioni, che possono essere applicate anche all'IoT.

Cybersecurity Italia (https://www.cybersecurityitalia.gov.it/): Questo sito fornisce informazioni e risorse sulla sicurezza informatica, inclusi articoli e guide sulla sicurezza dell'IoT.

IoT Security Foundation (https://www.iotsecurityfoundation.org/): Una risorsa internazionale che offre guide e best practice sulla sicurezza dell'IoT, con risorse tradotte in italiano.

Forum della Sicurezza Informatica (https://www.securityinfo.it/): Un forum italiano dedicato alla sicurezza informatica, che include discussioni e risorse sulla sicurezza IoT.

ISACA Italia (https://www.isacaitalia.it/): L'associazione ISACA Italia offre risorse e formazione sulla sicurezza informatica, compresi webinar e documenti relativi all'IoT.

AIIC - Associazione Italiana Ingegneri delle Comunicazioni (https://www.aiic.it/): Un'associazione professionale italiana che fornisce risorse e aggiornamenti sulla sicurezza delle comunicazioni e dell'IoT.

IoT Security Resources (https://www.iotsecurityresources.com/): Un sito web internazionale che raccoglie risorse, guide e strumenti per la sicurezza dell'IoT, con alcune risorse disponibili anche in italiano.

YouTube (https://www.youtube.com/): Puoi trovare numerosi canali e video in italiano che offrono tutorial sulla sicurezza IoT e dimostrazioni di strumenti di sicurezza.

Appendice D: F.A.Q. sulla sicurezza nell'IoT, insieme alle relative risposte dettagliate

Domanda 1: Cos'è l'Internet delle Cose (IoT)?

Risposta: L'Internet delle Cose (IoT) è un concetto tecnologico che si riferisce a una rete di dispositivi fisici, oggetti e sistemi che sono connessi a Internet e possono scambiare dati e informazioni tra loro. Questi dispositivi possono essere qualsiasi cosa, dai sensori agli elettrodomestici, ai veicoli, e sono progettati per migliorare la nostra vita quotidiana attraverso l'automazione, il monitoraggio e il controllo remoto.

Domanda 2: Quali sono alcune delle sfide principali legate alla sicurezza nell'IoT?

Risposta: Alcune delle sfide principali legate alla sicurezza nell'IoT includono:

La protezione dei dati personali e sensibili raccolti dai dispositivi IoT.

La gestione delle identità e delle autenticazioni dei dispositivi.

La sicurezza delle comunicazioni tra i dispositivi e le piattaforme.

La protezione contro gli attacchi informatici, tra cui l'hacking e il malware.

La manutenzione e gli aggiornamenti continui per mantenere i dispositivi sicuri.

Domanda 3: Quali sono i principali rischi per la sicurezza nell'IoT?

Risposta: I principali rischi per la sicurezza nell'IoT includono:

La possibilità di violazioni della privacy dovute alla raccolta e alla condivisione non autorizzata di dati.

La compromissione dei dispositivi IoT da parte di hacker o malware.

Il rischio di attacchi di rete che sfruttano i dispositivi vulnerabili.

La mancanza di autenticazione e autorizzazione adeguate per i dispositivi e gli utenti.

Il potenziale per la perdita di dati sensibili.

Domanda 4: Come posso proteggere i miei dispositivi IoT?

Risposta: Per proteggere i dispositivi IoT, puoi adottare le seguenti misure:

Cambia le password predefinite dei dispositivi IoT.

Mantieni il firmware e il software dei dispositivi sempre aggiornati.

Utilizza una rete Wi-Fi sicura con password robuste.

Abilita le funzionalità di sicurezza offerte dai dispositivi, come

l'autenticazione a due fattori.

Monitora regolarmente l'attività dei dispositivi per rilevare

comportamenti sospetti.

Domanda 5: Quali sono alcune best practice per la sicurezza nell'IoT?

Risposta: Alcune best practice per la sicurezza nell'IoT includono:

Implementare crittografia forte per proteggere i dati durante la

trasmissione.

Utilizzare protocolli di autenticazione sicuri per verificare l'identità dei dispositivi e degli utenti.

Isolare i dispositivi IoT in una rete separata per limitare l'accesso non autorizzato.

Effettuare una valutazione dei rischi e sviluppare un piano di sicurezza personalizzato.

Educazione e consapevolezza degli utenti per promuovere l'uso sicuro dei dispositivi IoT.

Domanda 6: Cosa sono le vulnerabilità zero-day e come possono influenzare la sicurezza nell'IoT?

Risposta: Le vulnerabilità zero-day sono falle di sicurezza sconosciute o non ancora patchate nei dispositivi o nel software. Possono influenzare la sicurezza nell'IoT quando gli hacker scoprono e sfruttano queste vulnerabilità per scopi dannosi. Per mitigare questo rischio, è essenziale mantenere sempre aggiornati i dispositivi con le ultime patch di sicurezza.

Domanda 7: Quali sono alcune linee guida per la privacy dei dati nell'IoT?

Risposta: Alcune linee guida per la privacy dei dati nell'IoT includono:

Minimizzare la raccolta di dati personali.

Informare gli utenti sulle finalità della raccolta dei dati e ottenere il loro consenso.

Proteggere i dati con crittografia forte.

Consentire agli utenti di accedere, modificare o cancellare i propri dati.

Rispettare le leggi sulla privacy e le regolamentazioni locali.

Domanda 8: Come posso educare me stesso sulla sicurezza nell'IoT?

Risposta: Puoi educarti sulla sicurezza nell'IoT attraverso:

Leggere libri e risorse online sulla sicurezza nell'IoT.

Partecipare a corsi di formazione sulla sicurezza informatica.

Unirsi a comunità online di professionisti della sicurezza informatica.

Seguire notizie e aggiornamenti sulle minacce alla sicurezza nell'IoT.

Sperimentare con strumenti di sicurezza e pratiche di test di penetrazione.

Glossario Sicurezza IoT e Cybersecurity

IoT (Internet delle Cose): Riferimento a dispositivi e sistemi che sono connessi a Internet e possono comunicare tra loro.

Autenticazione: Processo di verifica dell'identità di un dispositivo o utente.

Crittografia: Tecnica di protezione delle informazioni rendendole illeggibili a chi non ha una chiave di decrittazione.

Gestione delle chiavi: Pratica di proteggere, archiviare e gestire le chiavi crittografiche.

Patch di sicurezza: Aggiornamenti software per risolvere vulnerabilità o difetti di sicurezza noti.

Monitoraggio: Processo di osservazione e analisi delle attività su una rete o dispositivo.

Automazione IoT: Processi o attività che vengono eseguiti automaticamente dai dispositivi IoT.

Gestione Intelligente delle Reti Energetiche: Utilizzo di dispositivi IoT per ottimizzare la distribuzione e l'utilizzo dell'energia.

Indossabili: Dispositivi elettronici che possono essere indossati sul corpo per monitorare o migliorare la salute o il benessere.

Matter: Un protocollo open-source per dispositivi connessi che offre interoperabilità tra una vasta gamma di dispositivi smart.

Privacy nell'IoT: Si riferisce alla protezione dei dati personali e delle informazioni raccolte dai dispositivi IoT.

GDPR (Regolamento Generale sulla Protezione dei Dati): Legge europea sulla privacy e protezione dei dati.

Anonimizzazione: Tecnica che rimuove o modifica informazioni personali in modo che non possano essere associate a un individuo specifico.

Pseudonimizzazione: Tecnica che sostituisce i dati personali con pseudonimi, rendendo difficile l'associazione dei dati a un individuo specifico senza informazioni aggiuntive.

Privacy by Design: Approccio alla progettazione di prodotti e servizi che incorpora la privacy fin dall'inizio.

Consentimento Informato: Processo attraverso il quale un individuo acconsente al trattamento dei propri dati personali basandosi su una comprensione chiara e completa delle implicazioni.

Firewall: Una barriera di sicurezza che controlla il traffico di rete, consentendo o bloccando il passaggio in base a regole di sicurezza.

Malware: Software dannoso progettato per danneggiare, infiltrarsi o rubare informazioni da un sistema.

Phishing: Un tipo di attacco informatico in cui i truffatori cercano di ingannare le persone facendosi passare per entità affidabili per ottenere informazioni personali o finanziarie.

Vulnerabilità: Punti deboli o falle nei sistemi informatici che possono essere sfruttati dagli aggressori.

Distributed Denial of Service (DDoS): Un attacco in cui una grande quantità di traffico viene inviata a un server o a una rete per sovraccaricarla, rendendola inaccessibile.

Intrusion Detection System (IDS): Un sistema che monitora l'attività di rete per rilevare e segnalare intrusioni o comportamenti sospetti.

Intrusion Prevention System (IPS): Un sistema che rileva intrusioni o comportamenti sospetti e cerca di prevenirli o mitigarli automaticamente.

Zero-Day Vulnerability: Una vulnerabilità di sicurezza sconosciuta o appena scoperta che non ha ancora una patch disponibile.

Penetration Testing: Un'attività di sicurezza in cui esperti tentano di violare un sistema o una rete per identificarne le vulnerabilità.

Multi-Fattore di Autenticazione (MFA): Un metodo di sicurezza che richiede più di una forma di verifica dell'identità (ad esempio, password e autenticazione biometrica) per accedere a un sistema.

Blockchain: Una tecnologia di registro distribuito spesso associata alle criptovalute, che offre una maggiore sicurezza e trasparenza attraverso la decentralizzazione dei dati.

Cybersecurity Framework: Un insieme di linee guida, standard e migliori pratiche per proteggere i sistemi informatici e i dati.

Whitelist: Un elenco di elementi considerati sicuri o autorizzati, utilizzato per controllare l'accesso o il permesso di esecuzione.

Blacklist: Un elenco di elementi considerati non sicuri o non autorizzati, utilizzato per vietare l'accesso o l'esecuzione.

Incidente di Sicurezza: Un evento in cui la sicurezza di un sistema o di una rete viene compromessa o violata.

Hacking Etico: Attività di ricerca e test di sicurezza condotte da professionisti per identificare vulnerabilità senza scopi malevoli.

Zero Trust Security: Un modello di sicurezza che non fa affidamento sulla posizione o sulla rete di un utente, ma richiede una verifica continua dell'identità e dell'accesso.

Rete Virtuale Privata (VPN): Una tecnologia che crea una connessione sicura su una rete pubblica, spesso utilizzata per proteggere la privacy e la sicurezza online.

Cybersecurity Incident Response: Un piano e un insieme di azioni intraprese per gestire e mitigare le conseguenze di un incidente di sicurezza.

Ringraziamenti per il Lettore

Vorrei esprimere la mia profonda gratitudine a te, il mio prezioso lettore, per aver scelto di esplorare il mondo della sicurezza nell'Internet delle Cose (IoT) con me. La tua curiosità e il tuo impegno nell'apprendimento sono la forza trainante che mi spinge a condividere conoscenze e idee in queste pagine.

La comprensione della sicurezza nell'IoT è diventata cruciale in un mondo sempre più connesso, e il tuo interesse per questo argomento dimostra la tua consapevolezza dell'importanza di proteggere la privacy e la sicurezza nei dispositivi e sistemi che ci circondano.

Vorrei anche ringraziare coloro che hanno contribuito a questo libro, dai ricercatori e esperti nel campo della sicurezza dell'IoT agli editori e revisori che hanno lavorato instancabilmente per garantire la qualità e l'accuratezza di questo testo.

Sono grato per il tuo tempo, la tua fiducia e il tuo impegno nella promozione di un utilizzo sicuro e responsabile della tecnologia nell'era dell'IoT. Spero che questo libro ti fornisca le conoscenze e le risorse necessarie per affrontare le sfide e godere appieno dei benefici dell'IoT, mantenendo sempre la tua sicurezza e privacy al centro delle tue preoccupazioni.

Grazie per essere parte di questa avventura con me.

Con gratitudine,

[Germano]